SOLSO FARM
BOOK

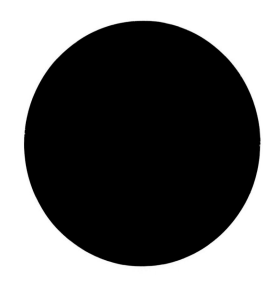

インドアグリーン
INDOOR GREEN

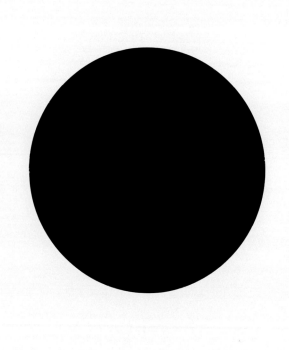

Welcome to the

インドアグリーンとの暮らしは
毎日が驚きと発見でいっぱい！

もっと気軽にグリーンを楽しもう！　グリーンと一緒にHAPPYに暮らそう！
これは、私たちSOLSOが活動を通じて、たくさんの方にお伝えしたいと思っていること。けれど、「グリーンがある暮らしには憧れるけど、忙しくて世話ができないし、すぐに枯らしてしまうから……」などあきらめている人も多いのでは？
もちろんグリーンは私たちと同じ生き物だから、日々のお世話は絶対に必要。でも、むずかしく考えずに、ちょっとしたコツさえつかめば、きっと誰もがグリーンともっと仲良くなれるはず！　グリーンの多様性をご紹介しながら、そんな彼らと無理なくつき合うためのちょっとしたコツ、そしてその楽しさをギュッと詰め込んだのがこの本。
何よりもいちばん大切なのは、頭でっかちにならずに、まずは直感でグリーンと向き合うこと！　好きだな、いいな、と思ったグリーンなら、まるで誰かにひと目ぼれしたときのように、毎日気になって仕方がないし、少しくらい手間がかかる性格でも、きっとかまってあげたくなる。そうなったら、しめたもの。
毎日観察すれば、小さな変化に気づいたり、それまでは置物に見えていたグリーンだって大切な同居人に見えたりと、きっとグリーンがいない暮らしは考えられないほどに、その魅力に取りつかれるから！
そして、この本のテーマ「インドアグリーン」は、その名の通り室内で育てられる観葉植物のこと。インドアグリーンとは言っても、暖かい季節には新芽や葉を伸ばし、花を咲かせる品種もあれば、時間をかけてじわじわ成長する品種もあったりとじつに個性豊か。しかも、もともとは大自然に抱かれて育つ植物の中で、室内でも成長可能なものがインドアグリーンとされているから、乾燥や日陰にも強い性質を持つなど、手間がかからない品種が多いのもうれしいところ。
小さなスペースだって大丈夫、気になったグリーンを見つけたら、育て方のコツだけおさえよう。そうすればきっと誰もが無理なくグリーンライフを楽しめる！
カーテンを開けて、コーヒーを淹れて、歯を磨いてと、そんな毎朝のルーティンに「グリーンの世話をすること」が加わり、それが多くの人の日常になる。そんなグリーンと暮らす気持ちよさを少しでも感じてもらえたらうれしいです。

さぁ、HAPPYなグリーンライフをはじめよう！！

SOLSO FARM

CONTENTS

INTRODUCTION

4 インドアグリーンとの暮らしは
毎日が驚きと発見でいっぱい!

10 インドアグリーンと暮らすとこんなにハッピー!

12 [COLUMN]
人気のインドアグリーンを勝手に性格診断!
あなたはどのグリーンタイプ?

STEP 1

インドアグリーンって、どんな植物?

14 仲良くなるヒントは「原生地を知る」こと!

15 彼らはこんなところで生きてきた!
インドアグリーンの原生地めぐり

18 インドアグリーンのふるさと MAP

20 インドアグリーンと上手につき合うには?

22 [SOLSO'S VOICE]
SOLSO スタッフに聞きました!
インドアグリーンあるある

STEP 2

お気に入りを見つけよう!
インドアグリーン図鑑

24 SOLSO FARM 式 インドアグリーンの選び方

25 図鑑ページの使い方

26 SECTION 1 フィカスの仲間

36 SECTION 2 サトイモの仲間

48 SECTION 3 シェフレラの仲間

54 SECTION 4 ドラセナの仲間

60 SECTION 5 サンスベリアの仲間

66 SECTION 6 シダの仲間

74 SECTION 7 パイナップルの仲間

82 SECTION 8 チランジアの仲間

88 SECTION 9 テイスト&目的で選ぼう!
SOLSO 厳選インドアグリーン

90 個性派ツリーがほしい!

96 アートな葉っぱを集めたい!

99 かわいい葉っぱ、繊細な葉っぱが好き!

104 ハンギングを楽しみたい!

110 不思議な造形を堪能したい!

112 ランの神秘にふれたい!

113 マニア心をくすぐるランの世界

114 [SOLSO'S VOICE]
SOLSO スタッフに聞きました!
おすすめインドアグリーンランキング!

STEP 3

もっと楽しむ!
インドアグリーンライフ

116 大公開! SOLSO スタッフの
インドアグリーンライフ

130 インドアグリーンライフのもうひとつの楽しみ!
ポット選びにもこだわりたい!

137 基本のインドアグリーン用ツール

138 植物をもっと魅力的にするこだわりディスプレイ

139 Technique 01 水耕栽培

140 Technique 02 テラリウム

142 Technique 03 苔玉

143 Technique 04 ハンギング

144 [SOLSO'S VOICE]
SOLSO スタッフに聞きました!
まだまだある!「インドアグリーンの○○」

APPENDIX

インドアグリーンの基礎知識

146 インドアグリーンとの暮らしをスタート、その前に!

147 インドアグリーンと暮らそう!

148 コツが必要! 水やりのこと

150 植え替えは慎重に!

152 植物トラブル FAQ:こんなときどうする?

154 INDEX
158 SOLSO のこと

※本書の栽培についての記述は関東南部を基準
としています。実際には植物の状態や環境に
より異なるため、ひとつの目安としてください。
※製品価格はすべて税抜きです。また、価格を
含む本書の情報は2019年4月現在のものです。

Be happy! Days with INDOOR GREEN.

インドアグリーンと暮らすと
こんなにハッピー！

HAPPY 1 パワーをもらえる！

大きな変化はないけれど、毎日確実に季節を感じて、その時期になると新芽を出したり花を咲かせたりと動きを見せるグリーンたち。小さな命がそばにあるだけで、なんだか毎日の変化がうれしく元気になれる！

POWER

FEEL

HAPPY 2 自然を感じる、季節がわかる！

室内でジーっとしているように見えても、体全体で季節を敏感に感じ取っているグリーンたち。だから、日々の忙しさのせいでつい季節を忘れてしまいそうなときでも、グリーンたちが季節を教えてくれるかも！

HAPPY 3 暮らしにリズムができる！

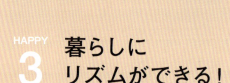

毎朝カーテンを開けるとき、コーヒーを飲むとき、歯を磨くとき、日々のルーティンの中で植物を観察してみよう。グリーンがもっと身近になれば、そのために部屋をキレイにしなきゃなど、あなたの生活にもメリハリができるかも！

RHYTHM

KINDNESS

HAPPY 4
やさしくなれる
（気がする？）

生きたグリーンには、やっぱりお世話が必要。毎日目に入るところに置けば、きっと愛着もわくはず。成長に驚いたり、新たな一面を発見したり、"顔色"で調子の悪さに気づいたり。言葉は発しないけど、命と一緒に暮らすってこういうこと！

HAPPY 5
インテリアが
ランクアップ！

グリーンをひと鉢部屋に置くだけで、部屋の空気が変わることにきっとあなたも気づくはず！ テーブルサイズでも、背丈ほどの大きなサイズでもいい、生きたグリーンは空間にみずみずしさを与えてくれる！

INTERIOR

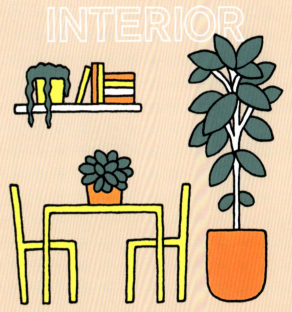

HAPPY 6
空気が
きれいになる！

一部のグリーン（観葉植物）たちは二酸化炭素を吸収し酸素を出すのみならず、空気中の有害物質を分解し、無毒化することができるのだとか。天然の空気清浄機を取り入れれば、森の中の心地よさを感じられるかも！

AIR

> ほかにも、たとえば子どもと一緒に成長を見守って自然や生き物とふれ合う楽しみを教えたり、好きな品種をマニアックに探求して知的好奇心を刺激されたりと、インドアグリーンがもたらす喜びは人それぞれに、無限大。あなただけの"いいこと"を見つけてみよう！

SOLSO FARM BOOK

人気のインドアグリーンを勝手に性格診断！あなたはどのグリーンタイプ？

ひと口に「インドアグリーン」といっても、その独特の姿だけでなく、性格もじつにさまざま。その性格が自分と似ていたら、愛着が増して、つき合い方も見えてくるかも？

［チャートの進み方］　YES ───▶　　NO ---▶

フィカス（ゴムの木）タイプ

つねにみんなに囲まれ、輪の中心にいる人気者。一見、鉢に水をあげるだけで手がかからないように見えるけど、定期的に様子を見て、ご機嫌ななめなときは霧吹きで葉水を与えてあげないと、イヤな虫がついて病気になってしまうことも。本当は、つねに手をかけてほしい甘えん坊。
→ p.26

モンステラタイプ

個性的な葉っぱで、目立つことが大好きな自由人。無理して人に合わせるのでなく、「少し変わっているね」と言われることがじつはうれしいはず。ある日突然、新しい葉っぱをニョキッと出し、自由奔放に根っこを出して葉を広げるその振る舞い、じつは周りの人には少し迷惑かも……？
→ p.39

サンスベリアタイプ

とってもクールで、曲がったことが嫌いなまっすぐな性格。何があろうとあわてずに、つねに落ち着いた冷静さとその安定感ゆえ、きっと周りから頼られているのでは？　あまり目立たないけれど、手がかからないしっかり者、インドアグリーン界では、困ったときに頼りになる影のヒーロー！
→ p.60

ビカクシダタイプ

どっしり構えた貫禄の姿と他を寄せ付けない圧倒的なオーラが、まさにボス的な存在。一見すると、攻撃的な風貌だけど、木や岩など高い場所に貼りついて、木や空中の水分を吸収しながらほかのグリーンをのんびりと見守る心やさしい一面も？　マニア人気も高い、インドアグリーン界の王様。
→ p.71

チランジアタイプ

ときどき美しい花を咲かせ、雑貨とのアレンジも変幻自在な八方美人。水がいらない！って、勘違いされることも多いけど、水浴びが大好きだったり、乾燥すると気づかないうちに干からびたりと、じつはかなり繊細で、手をかけないとすぐに機嫌が悪くなる。つき合うときは、まめに面倒みてあげて。
→ p.82

12　SOLSO FARM BOOK

STEP 1

インドアグリーンって、どんな植物？

Know what INDOOR GREENS are. It's not that difficult!

Let's know the place of origin.
仲良くなるヒントは「原生地を知る」こと!

「水やりはどうすればいいんですか?」「置き場所はどんな環境がいいんですか?」。これは私たちがお客さまからたびたび受ける質問。もちろんそれらも大切なことなのだけれど(詳しくはP. 20〜21、P. 145〜153参照)、じつのところ室内の環境は家によりさまざまなので、「水やりはこう、置き場所はこうすれば植物が元気に育ちます!」とマニュアル化するのはとても難しいこと。

そんなとき私たちは、「この植物は原生地ではジャングルの下のほうで、日差しの少ない、湿った環境で生きているので、その環境に近づけるようにしてみてください」といったアドバイスをしている。

現在インドアグリーンとして流通している植物は、もとをたどると日本の自然環境とはまったく異なる大自然の中で生きてきたものがほとんど。だから、その生まれ育った環境になるべく近い状態をつくることが、植物たちを元気に育てるベストな方法だと考えているのだ。

もとより、そもそも気候が違うのだからまったく同じ環境にはできない。それでも原生地を知り、その環境を想像して家の環境との違いに思いをめぐらせれば、「うちは乾燥しているからこまめに霧吹きをして湿度を補ってあげないと」とか、「熱帯生まれは寒さに弱いだろうから、温度が下がりすぎない場所に置いてあげよう」などと気を配ることができるようになる。それにも増して、気に入った植物が原生地でどんなふうにすごしているのかを想像すると、たとえばうっそうとした熱帯のジャングルへ、あるいは日差しがまぶしい灼熱の砂漠へ、旅をしているようでダンゼン楽しい!

原生地の情報を入手する方法は、店頭で植物に添えられたラベルの記載を確認する、本やインターネットで調べる(本書のSTEP 2「インドアグリーン図鑑」も参考に!)などがある。まずは原生地を知り、その環境を想像し、イマジネーションをふくらませて植物とのつき合い方を考える。これはもしかすると、インドアグリーンと仲良くなるための一番の秘訣かも。

彼らはこんなところで生きてきた！
インドアグリーンの原生地めぐり

現在日本で流通しているインドアグリーンたちの原生地は、
気候区分で分けると日本の温暖湿潤気候をのぞいておもに5種類に大別できる。
その5つの気候と各エリアの風土をかけ足でめぐってみよう。
それぞれの特徴から、植物管理のヒントがつかめるはず！

© STILLFX

年がら年中暑くてジメジメ！
熱帯雨林気候

赤道直下の日差しが強く、一年を通して気温は26〜28℃。暑いうえに雨も多くてジメジメ。午後になると毎日のように激しいスコールが降る——これが、赤道付近に分布する熱帯雨林気候の風土。常緑広葉樹の密林（ジャングル、南米ではセルバ）が広がり、植物の種類はきわめて多種多様。その森は一般的に、頭ひとつ抜け出したように高さ50m以上にも成長する超高木層を持つのが特徴で、その下で20〜40m程度の高木層が林冠（樹木の枝葉が茂り、屋根のようになっている部分）をつくり、さらにその下では高木に光をさえぎられても成長できる木々が10m前後の低木層をつくっている。そしてほとんど光が届かない木々の下には、弱い光と多湿を好む草が茂り、樹上には光を求めて木をよじ登るツル性植物や着生植物たちもいる。これらの植物が複雑な構造をつくり、地球上の生物種の約半分ともされる多様な生物の生命を支えているのだ。

[おもな分布地域]
マレー半島からインドネシア全域、太平洋の島々、南米・中米のアマゾン川流域、アフリカ大陸中部・コンゴ川流域、インド洋の島々など

[この地域の代表的なインドアグリーン]
強い光を好む中高木→クワ科、ヤシ科、パンヤ科、ウコギ科など
やや弱い光と多湿を好む植物→マメ科などのツル性植物、ラン科、ブロメリア科などの着生植物
弱い光と多湿を好む植物→サトイモ科、シダ類など

SOLSO FARM BOOK 15

AREA B

雨季と乾季の違いがハッキリ！
熱帯サバナ気候

おもにイネ科の草からなる草原の中にバオバブなどの乾燥に強い低木が点在する──そんな風景が広がっているのが熱帯サバナ気候の地域。熱帯雨林気候の周辺に分布し、夏の雨季と冬の乾季がハッキリと分かれている。干ばつになることもあるほどの乾季があるため樹木は密生することができず、成長できるのはバオバブのように貯水能力のある木のみ。乾季の冬には葉を落とし、休眠状態になる植物が多いのも特徴だ。

© dsukhov

[おもな分布地域]

ブラジル・ブラジル高原、中米西岸、ベネズエラ・オリノコ川流域、オーストラリア北部、インド・デカン高原、タンザニア、コンゴ・コンゴ盆地など

[この地域の代表的なインドグリーン]
強い光を好み、乾燥に強い植物→バオバブ、ベンケイソウ科、トウダイグサ科、リュウゼツラン科、サンスベリア属など

© Heavily Meditated Life

AREA C

植物はほどんどいない乾燥地帯
砂漠気候・ステップ気候

灼熱の砂漠や、ステップ、プレーリーなどと呼ばれる丈の低い草原。南北の緯度30度付近に分布する乾燥地域に広がる風景に、植物の姿はほとんど見られない。砂漠気候の地域では一年を通じてほとんど雨が降らず、ステップ気候の地域では短い雨季にわずかな雨が降るが、どちらも昼と夜の気温差が非常に大きく、植物の生育には不向きな風土だ。それでも、特殊な環境に適応して生き抜く植物たちもいる。生命の神秘を感じるエリアでもある。

[おもな分布地域]
北アフリカ～ユーラシア大陸の内陸部、オーストラリア中央部、南米・パタゴニア、アメリカ西部など

[この地域の代表的なインドグリーン]
強い光を好み、乾燥に強い植物→アカシア、ミモザ、サボテン、多肉植物、塊根(かいこん)植物など

16　SOLSO FARM BOOK

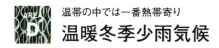

温暖冬季少雨気候
温帯の中では一番熱帯寄り

温帯の中でも熱帯に近く、気温は一年を通じて温暖。季節風などの影響で夏は降水量が多く、冬は乾燥する地域。冬もそれほど寒くならないため常緑広葉樹が多く、なかでもシイやカシなどのドングリをつける木やツバキなどの、分厚くピカピカしたろう状の層でおおわれた葉を持つ照葉樹が多く見られ、林を形成する。林の中には常緑のツル性植物やシダ類も見られる。

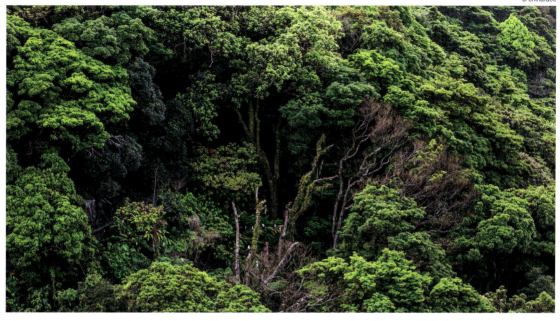

© chinaface

[おもな分布地域]
中国南西部、インド北部、エチオピア高原、メキシコ高原、オーストラリア北東部、ブラジル高原南部など

[この地域の代表的なインドアグリーン]
ポリシャス、コルディリネ、ドラセナなど

© Socjosens PG

地中海性気候
成長期の少雨が最大の特徴

一年を通して温暖で、夏は日差しが強く乾燥し、冬に一定量の雨が降る——そんな特徴を持つ地中海性気候は、地中海沿岸をはじめとする中緯度の大陸西岸に分布している。地中海沿岸の植物といえばオリーブやレモンがよく知られているが、それも気候の影響。冬も温暖なため常緑広葉樹林が発達するが、成長期の夏には雨が少ないため、乾燥に適応するため葉が小さく、硬くて厚い、幹は太いといった特徴を持つ硬葉樹（こうようじゅ）が多くなるのだ。

[おもな分布地域]
地中海沿岸、北米大陸西岸部、チリ中部、オーストラリア南部など

[この地域の代表的なインドアグリーン]
ストレリチア類、ヤシ類の一部など

SOLSO FARM BOOK 17

P.15〜17で紹介した気候区分を世界地図上で区分けすると、こんなふうになる。本書「STEP 2」の図鑑で見つけた気になる植物や、店頭で見つけた未知の植物の原生地をこの地図でチェックして、机上旅行へ出発！ 植物たちのふるさとの気候や風土に思いをはせてみよう。

…… A 熱帯雨林気候
…… B 熱帯サバナ気候
…… C 砂漠気候・ステップ気候
…… D 温暖冬季少雨気候
…… E 地中海性気候
…… F 温暖湿潤気候

Where indoor green live in the world ?

SOLSO FARM BOOK 19

How to be a friend with green?

インドアグリーン と上手に つき合うには？

まずは3つのポイントを おさえよう！

POINT 1
光

「原生地の環境を参考にするのはいいとして、具体的にどうすれば……？」という人もいるかもしれない。そこで次に、家族の一員となったインドアグリーンの元気を保つために、とにもかくにもおさえておきたい3つのポイントを紹介しよう。
3つのポイントとは、ズバリ「光」と「水」と「風」。植物は日光のエネルギーを使って光合成を行い、大気中の二酸化炭素と水からブドウ糖をつくり、それを成長のエネルギーとしたり、土の栄養を吸い上げるためのエネルギーにしたり、自分の体を構成する要素に変えたりすることで生きている。人間がごはんを食べなければ生きていけないのと同様に、植物は光合成をしないと生きていけない。光と水は、そのために不可欠な要素。そして風は、室内で育つインドアグリーンならではのポイント。
まずはこの3つのポイントに注意しながら、インドアグリーンを元気に育てるコツをつかもう。

光は植物が光合成のスイッチを入れるために不可欠なもの。とはいえ、原生地では直射日光を体いっぱいに浴びてぐんぐん成長するヤシのようなタイプもいれば、ジャングルの中で大木の葉のすき間からわずかにもれてくる日光だけで生きられるよう適応したシダのようなタイプもいる。強い光を好まないタイプを直射日光に当てると葉焼けしたり、弱ってしまうことも。その植物ごとに適した日当たりを把握することが大切なのだ。
一般的に、植物が生育できる室内の日当たりの環境は、次の3種類に分類できる。

① 明るい窓辺：窓越しに一日中日光が当たる場所。
② 明るい室内：レースのカーテン越し程度の光が当たる場所。窓から近く明るい場所。
③ 明るい日陰：窓から離れた場所。日差しは届かなくても、文字が読める程度の明るさのある場所。

これを目安に置き場所を決め、さらに日々様子を見ながら、その植物にとってベストな置き場所を探してみよう。

POINT 2 水

POINT 3 風

「ちゃんと水やりをしていたのに枯れてしまった」というトラブルは、つねにその植物が必要とするより多くの水分があるため土の中が酸欠状態になり、根が呼吸できなくなって(根腐れして)起こることが多い。光と同様、植物ごとに必要な水の量は違うので、水やりは「適量」を「適した頻度」で行うことが大切だ。基本はおもに次の5点。

① 水やりは土が乾いたらたっぷりと。
② 根腐れしないよう、鉢受けに水はためない。
③ 成長期の夏はこまめに、成長が鈍る冬はひかえめに。
　季節や成長状態に合わせて水やりの頻度を変える。
④ 室内は乾燥していることが多いので、
　こまめに葉っぱに霧吹きをして湿度を補う。
⑤ 可能ならときどきお風呂場や屋外へ移動させて、
　シャワーやジョウロで葉を含む株全体に水やりをする。

水やりのたびに「今日もイイ顔してるかな?」と、適切な水やりができているかどうかチェックすることもお忘れなく!
＊植物ごとの「適量」のチェック方法はP.148参照

インドアグリーンと暮らしていくうえで、意外と見落としがちなのが風、つまり空気の流れだ。自然界では、風のない日であってもつねに空気は動いているもの。その風は、植物の周りに新鮮な空気を運ぶことで光合成に必要な二酸化炭素を届ける働きをしている。空気が動かないと葉っぱの周りは二酸化炭素の少ない空気ばかりになってしまい、光合成ができなくなってしまうのだ。

また、室内では空気の流れが植物の葉や土の蒸れを防ぐ働きもする。空気のよどんだ部屋で息苦しさを感じるのは、人も植物も同じ。とはいえ、エアコンやヒーターの風を直接当てるのは厳禁! 葉が乾燥しすぎてしまうし、風による温度変化も植物のストレスになるためだ。

風を補う方法としておすすめしたいのが、1日15〜30分程度でいいので、窓を開けて換気をすること。空気を入れ替えると、植物と一緒に人もリフレッシュできる。冬場などの窓を開けるのがつらいときには、サーキュレーターで部屋の空気を循環させるのもおすすめだ。

SOLSO'S VOICE
SOLSOスタッフに聞きました！

インドアグリーン あるある

インドアグリーンにまつわる、あんなこと、こんなこと——いつも植物や、植物好きなお客さまと接しているスタッフたちならではの"インドアグリーンあるある"を大調査！　意外な発見もあるかも？

選ぶ植物にその人の人柄があらわれる！
SOLSO FARM　ガーデナー／日髙

クールな人はツンツン、ゴリゴリした植物、ソフトな人は丸葉や小葉の植物など、なんとなく人柄が出ている気がします。

かわいがりすぎて枯らしがち
SOLSO PARK　マネージャー／渡邉

逆に、ほうっておいたらすくすく育っていたという話もよく聞きます。手をかけすぎないことがポイントなのかもしれません。

植物にふれるときはみんなやさしい顔になる
SOLSO HOME　Futakoマネージャー／澤田

日々お店で感じていることです。もっと好きなものにふれる時間を増やしてほしい、そのお手伝いをしたいと思っています。

エアプランツは水が必要ないと思いがち
SOLSO FARM　マネージャー／諸岡（和）

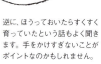

かなり解消されてきたとはいえ、まだ誤解している方も。水をあげないと知らないうちにミイラ化してしまいます！

植物との暮らしを難しく考えがち！
プランニング・施工／増田

植物も人も生き物。人が心地よくない環境は植物にとっても快適じゃない…と考えると、もっと気楽につき合えると思います。

植物を「この子」と呼ぶ人は植物愛が強い
グリーンキーパー／生嶋

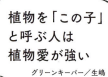

ペットのような感覚で、生き物として植物に接しているからかもしれません。加えて「グリーン」と呼ぶ人はだいたいオシャレ！

人と植物には相性がある
プランニング・施工／諸岡（竜）

相性はその人の生活環境によるので、同じ植物でも育てられる人と枯らしてしまう人がいます。

「水やりは毎日」だと思っている人が多い
設計・デザイン／鈴木

インドアグリーンは、毎日水やりをするとやりすぎになることがほとんどです。「土が乾いたら」を目安にすると失敗が減ります。

STEP 2

Find a friend!
A guide
to indoor green.

お気に入りを見つけよう！
インドアグリーン図鑑

\\ SOLSO FARM式 //
インドアグリーンの選び方

管理の難易度より、大切なのはインスピレーション！

インドアグリーンを選ぶとき、あなたは何を基準にしているだろう？ 日当たりや風通し？ 必要な水やりの頻度？ 一緒に暮らしていくうえでは、もちろんそれもとても大切。でも、SOLSO FARMでいつもお客さまにお伝えしている最大の基準は、ズバリ「直感」！ なぜかというと、まずはビビッと感覚に響いて「これだ！」と思った植物でなければ、日々顔色を確認したりお世話をしたりと愛情を注ぎ続けることができないと思うから。ほかの条件はあと回し！ 私たちがおすすめしたいインドアグリーンの選び方、ぜひお試しあれ。

STEP 01

直感で選ぶ

まずは葉の色や模様、質感、全体のフォルムなど、どんなポイントでもいいから気になるひと鉢を探してみよう。たくさんあって選びきれない……と思っても、見ていくうちに「トゲトゲした葉っぱの植物にばかり目がいくな」「大ぶりで肉厚、ワイルドな葉っぱが好きなんだな」といった自分の好みがわかるはず。感覚をとぎすませて植物と向き合ってみよう。そして「これだ！」と思うものに出会えたら、ラッキー‼ ひと鉢に絞りきれなくても、まずは数種類まで絞り込んでみよう。

STEP 02

植物と置き場所の相性をチェック！

選んだ植物の性質や好きな環境をお店の人に聞く、インターネットで調べるなどして、その条件に見合った場所が自宅にあるかどうかを確認してみよう。とくに明るさと風通しは植物が元気に生活するために不可欠なので、しっかり確認。そしてぴったりな場所がありそうなら、厳選したひと鉢を迷わず購入！ いくつかの候補に絞り込んでいる場合は、生育条件を絞り込みの基準にしてみるのもひとつの手。残念ながら、選んだ植物が自宅の環境条件に合わなかったら……？ もう一度STEP 01にトライ！

STEP 03

さぁ、育てよう！

お気に入りのひと鉢を自宅に連れ帰ったら、その日から家族の一員。ただし、人間がはじめて住む場所にすぐには慣れることができないように、植物だって新しい環境に適応するまでには少々時間がかかる。日々顔色をチェックして、置き場所に問題がないかどうか観察しよう。その鉢にとって適切な水やりの量もこの時期に把握しておきたいところ。やがて新しい芽が出たり、花の蕾がつきはじめたりといった小さな変化に気づいたら……ますますその植物が愛おしく、日々の管理も楽しくなっているはず！

図鑑ページの使い方

カテゴリー紹介ページ

❶ **カテゴリー名**………… カテゴリーの名称。
❷ **植物のプロフィール**… 共通の特徴など。
❸ **管理の基本** ………… 日常的な管理のコツ。
❹ **栽培カレンダー**……… 置き場所と水やりの目安。

[置き場所の目安]
明るい窓辺→窓越しに一日中日光が当たる場所。
明るい室内→レースのカーテン越し程度の光が当たる場所。半日陰。
明るい日陰→窓から離れた場所。日差しは届かなくても、文字が読める程度の明るさのある場所。

[水やりの目安]
土が完全に乾いたら→鉢土全体が乾いた状態。持って軽くなるくらい。
表土が乾いたら→鉢土の表面が乾いた程度。土全体はカラカラにはなっていない。
毎日→水をきらさず、土に水分がある状態を保つ。
※各品種に個別の違いは図鑑ページで確認してください

図鑑ページ

❶ **写真** ……… 全体のフォルムと葉の様子などディテールを紹介。

❷ **名称・学名**… 植物の名称。下段にアルファベットで記載しているのは学名で、「属名＋種名（種小名）＋'品種名'」を記載。

❸ **データ** …… 管理の目安を示したアイコンと、流通名などの別名、原生地（末尾のアルファベットはP.15〜19で紹介した気候区分に対応。原生地を想像する際の参考に！
※園芸品種の場合は元になった品種の原生地を記載）。サイズは一般的な流通サイズ（鉢は含まず）／写真の株サイズ（鉢含む）。
H＝高さ、W＝横幅、L＝長さ。

❹ **コメント** …… その植物の特徴や見どころ。

アイコンの見方

[耐寒性]

❉❉❉　寒さに強め。気温が0℃程度以上なら冬越しできる。

❉❉❉　耐寒性が中程度。冬越しには5〜10℃程度の気温を必要とする。

❉❉❉　寒さに弱い。冬越しには10℃以上の気温を必要とする。

[耐陰性]

○○○　耐陰性が高め。照明なしで文字が読める程度の明るさがあればよい。

○○○　耐陰性は中程度。窓のある明るい室内（半日陰）なら大丈夫。

○○○　耐陰性が低く、つねに窓辺の日向で日光を必要とする。

[水はけ]

●●●　乾燥に強いので水やり頻度は少なめでOK。過湿に注意。とくに水はけのよい土を好む。

●●●　乾燥への強さは中程度。保湿性があり、水はけのよい土を好む。

●●●　乾燥に弱いのでつねに湿った環境を保つ必要がある。

SECTION 1

The genus Ficus
in the family Moraceae

丈夫さと存在感で選ぶならコレ！
品種の多さで選ぶのが楽しい

フィカスの仲間
クワ科フィカス属

フィカスは世界中の熱帯から温帯に広く分布するゴムの木の仲間。ゴムの木は昭和30年代から観葉植物として流通していたので、「うちにもあった！」という人も多いのでは？ 当時流通していたのはおもにインドゴムやフィカス・エラスティカという品種だったが、じつは約800種もの種類がある。葉の大きさや形、色、質感、そして樹形も多様なことから、インテリアに合わせて選べるのも大きな魅力。総じて乾燥に強く、耐陰性も高く室内でも育てやすいというインドアグリーンの優等生的存在でもあり、観葉植物の最初の1本を探すなら、バリエーション豊富なフィカスから選ぶのもおすすめ。ちなみに「フィカス」はイチジクのことで、イチジクもフィカス属。いわゆる"花"とは違う洋ナシ形の果実のような花をつけることも、フィカス属の特徴のひとつ。

○ 管理の基本

フィカス類は耐陰性が高く日陰でも育つが、基本的に日光を好むため、窓越しに日光が当たる場所に置いたほうがベター。本来冬は休眠期なので水やりはひかえめにするが、室内環境によっては休眠しないこともあるので、生育が続いている場合は秋と同様に。つねに土が湿っていると根腐れの原因になるため、水のやりすぎには注意。葉が乾くと落葉することがあるので、年間を通じて霧吹きで葉水を与え、湿度を保つ。

○ 栽培カレンダー

月	1	2	3	4	5	6	7	8	9	10	11	12
置き場所					明るい窓辺							
水やり	土が完全に乾いたら			表土が乾いたら			毎日					

Section 1　　　　　　　　　　　　　　Ficus

01
フィカス・アルテシーマ
Ficus altissima

❄❄❄ ｜ ☼☼☼ ｜ ♦♦♦

別　名：—
原生地：インド、東南アジア（A）
サイズ：H0.3 - 2.5m／H1.6m

空間のポイントが欲しいときにはコレ。イエローとグリーンのコントラストが印象的な人気者。お日様大好きだけど、耐陰性もあり。

02
フィカス'ソフィア'
Ficus elastica 'Sofia'

❄❄❄ ｜ ☼☼☼ ｜ ♦♦♦

別　名：—
原生地：熱帯アジア（A）
サイズ：H1 - 2m／H1.5m

ツヤがある深いグリーン色、コンパクトで厚みがあるカッチリした葉っぱが美しい。ユニセックスな印象は、どんな空間にもマッチ。

03
フィカス・ベビーリーフ
Ficus microcarpa sp.

❄❄❄ ｜ ☼☼☼ ｜ ♦♦♦

別　名：—
原生地：熱帯アジア（A）
サイズ：H0.5 - 2m／H1.2m

複数に枝分かれした先に、小ぶりな葉っぱがびっしりと細かく密生する。濃いグリーンで存在感がありつつも、上品な印象のひと鉢。

28　SOLSO FARM BOOK

04

フィカス・ジャンボリーフ
Ficus microcarpa sp3

❄❄❄ ｜ ○○○ ｜ ♦♦♦

別　名：—
原生地：熱帯アジア（A）
サイズ：H1.5 - 2.5m／H2.2m

小さな丸葉が美しい希少品種。環境になじむまでに葉を落とすこともあるが、生命力旺盛で、次々と新葉を出すのでご心配なく。

05

フィカス
'バーガンディ'
Ficus elastica 'Burgundy'

❄❄❄ ｜ ○○○ ｜ ♦♦♦

別　名：クロゴム、ロブスタ
原生地：インド、東南アジア（A）
サイズ：H1 - 2m／H1.7m

ツヤ感のあるダークレッドの葉っぱが、ゴムの中でも異色の存在感を放つ。男性人気も高く、その強い性質からギフトにもおすすめ！

08
アポロゴム
Ficus elastica 'Apollo'

❄❄❄ | ○○○ | ♦♦♦ ♦

別　名：—
原生地：沖縄〜東南アジア（A）
サイズ：H1 - 2.5m／H1.5m

葉と葉の間がキュッと詰まった姿が魅力。スタイリッシュな印象で、シックな空間などによく映える！耐陰性があり、管理も楽。

07
カシワバゴムノキ
Ficus lyrata

❄❄❄ | ○○○ | ♦♦♦ ♦

別　名：フィカス・リラータ
原生地：熱帯アフリカ（A）
サイズ：H1 - 3m／H1.9m

ゴワゴワした大きな葉っぱと細い枝のコントラストが欧米でも人気。日光を受けるとステンドグラスのようにきらめく葉脈も美しい。

06
カシワバゴム 'バンビーノ'
Ficus lyrata 'Bambino'

❄❄❄ | ○○○ | ♦♦♦ ♦

別　名：バンビーノ
原生地：熱帯アフリカ（A）
サイズ：H0.5 - 2m／H1.8m

細くしなやかに伸びた幹と、存在感がある濃緑の葉のコントラストが美しい、カシワバゴムのコンパクト品種。丈夫で育てやすい！

09

ショウナンゴム
Ficus binnendijkii

❄❄❄ ｜ ○○○ ｜ ♦♦♦

別　　名：フィカス・イレグラリス
原産地：熱帯アジア〜ポリネシア（A）
サイズ：H2 - 3 m／H2.5 m

ボタニカルな雰囲気を出したいときに最適！ ゆったりと風に揺れる葉、貫禄ある姿から、ひと鉢でジャングル感が出ること間違いなし。

10

フィカス・ランフィ
Ficus rumphii

❄❄❄ ｜ ○○○ ｜ ♦♦♦

別　　名：—
原産地：インド、東南アジア（A）
サイズ：H0.5 - 2.5 m／H1.3 m

ハート形のやわらかな葉っぱがヒラヒラと風に揺れ、涼しい印象を与えるレア品種。ハダニがつきやすいので、霧吹きで乾燥対策を。

11 ジャワゴム
Ficus hirta

別　　名：ムクゲゴムノキ
原生地：インドネシア（A）
サイズ：H0.8 - 2m／H1.5m

葉や茎がベルベットのような細かな毛におおわれ、ずっとさわっていたい気持ちよさ。落ち着いた質感が、大人っぽい空間に相性よし。

12 ベンジャミン
Ficus benjamina

別　　名：フィカス・ベンジャミナ
原生地：インド、東南アジア（A）
サイズ：H0.3 - 2.5m／H2.3m

小さな黄緑の葉が美しく、まるで森の中のような爽やかな空気を感じさせる人気者。枝や幹から垂れる気根は、長く生きてきた証し。

13
オオバンボダイジュ
Ficus spp.'Round Leaf'

❋❋❋ | ☼☼☼ | ♦♦♦

別　名：大判菩提樹
原生地：インド、スリランカ、東南アジア（A）
サイズ：H0.3 - 2m／H1.5m

その名の通り、平べったく"大判"のような卵形をした丸い葉が特徴。上品で女性的な雰囲気が、空間にやわらかな印象をプラス。

14
フィカス・ベンガレンシス
Ficus benghalensis

❋❋❋ | ☼☼☼ | ♦♦♦

別　名：ベンガルボダイジュ、ベンガルゴム
原生地：インド、スリランカ、東南アジア（A）
サイズ：H0.5 - 2.5m／H1.3m

白い幹とシルバーっぽいマットな葉のコントラストが魅力。渋い葉にくっきり映える葉脈も美しい。どんな空間にも合う万能なやつ。

15
フランスゴム
Ficus rubiginosa

❋❋❋ | ☼☼☼ | ♦♦♦

別　名：—
原生地：オーストラリア東部（F）
サイズ：H1 - 2.5m／H1.9m

小ぶりな丸葉がかわいく、とくに女性人気が高く育てやすい定番品種。幹が曲がった曲がりタイプなど、サイズ展開も多く流通量も多め。

Section 1　　　　　　　　　　　　　　　　Ficus

16
ベンジャミン'シタシオン'
Ficus benjamina 'Citation'

❄❄❄｜☼☼☼｜💧💧💧

別　名：—
原生地：インド、東南アジア（A）
サイズ：H0.3 - 3m／H2.3m

葉っぱがカールする姿が愛らしい人気者。バロックよりもカールがゆるめ。お日様大好き、日当たりのいい場所に置くとグングン成長。

17
ベンジャミン'バロック'
Ficus benjamina 'Barok'

❄❄❄｜☼☼☼｜💧💧💧

別　名：—
原生地：インド、東南アジア（A）
サイズ：H0.3 - 2.5m／H65cm

葉先が裏に向かってくるっとカールした姿が人気の品種。テーブルサイズから天井サイズまで流通量も多く、育てやすい。

18
フィカス・サリシフォリア
Ficus salicifolia

❊❊❊ | ☼☼☼ | ♦♦♦ ♦

別　　名：—
原生地：南アフリカ（D）
サイズ：H40-60cm／H80cm

柳のような細葉をたくさんつける
レア品種。葉と枝がコンパクトに
まとまった姿から、盆栽として楽し
む人も。明るい場所が好き。

19
パンダガジュマル
Ficus retusa 'Panda'

❊❊❊ | ☼☼☼ | ♦♦♦ ♦

別　　名：グリーンアイランド
原生地：熱帯アメリカ（A）
サイズ：H0.2 - 10 m／H1.2m

幅広で肉厚な丸っこい葉が特徴の
希少ガジュマル。一般的なガジュ
マルの幹に接ぎ木された株が多く、
写真の実生タイプはかなりレア！

20
ガジュマル
Ficus microcarpa

❊❊❊ | ☼☼☼ | ♦♦♦

別　　名：—
原生地：熱帯アジア（A）
サイズ：H0.2 - 2m／H1.5m

個性豊かな姿と丈夫さで人気。生
命力にあふれ日に当てるほど成長
するため、伸びたら臆せずカットし
好みの樹形を維持しよう！

SECTION 2

The family Araceae

葉の形態の多様さ、
不思議さで自然の神秘を堪能！

サトイモの仲間

サトイモ科

「サトイモ」というと野菜のサトイモを連想するかもしれないが、観葉植物にはサトイモの仲間（サトイモ科）が数多く存在する。多くは世界各地の熱帯原産で（ちなみに野菜のサトイモも東南アジアの熱帯原産）、ジャングルの地表近くで樹木に光をさえぎられた場所で生きている。そのため耐陰性の高い品種が多い。肉穂花序（にくすいかじょ）と呼ばれる小さな花が密生した棒状の花と、それを根元から包むような形の苞（ほう）を持つことが特徴のひとつ。葉の大きさや色、模様のバリエーションには目をみはるものがあり、マドカズラのように葉っぱにたくさん穴が開いていたり、モンステラのように深い切れ込みが入っていたりと、それぞれが個性的でエキゾチック。ジャングル感さえ醸し出してくれる、じつに多彩な仲間たちなのだ。

○ 管理の基本

ツル性のもの、直立性のものなど姿はさまざまだが、総じて耐陰性が高いので日陰でも育つ。ただし間延びしやすくなるので、直射日光は避けつつ、室内の明るい場所に置くくらいがベター。水やりは春から秋にかけては土が乾いたら、休眠期となる冬はひかえめに。加えて湿潤な環境を好むので、こまめに葉や気根に霧吹きをして湿度を保つようにしよう。

○ 栽培カレンダー

月	1	2	3	4	5	6	7	8	9	10	11	12
☼ 置き場所					明るい室内							
♦ 水やり	土が完全に乾いたら				表土が乾いたら							

Section 2　　　　　　　　　　　　　　Araceae

01
マドカズラ
Monstera friedrichsthalii

❊❊❊ ｜ ○○○ ｜ ♦♦♦

別　　名：—
原生地：コスタリカ（A）
サイズ：H30 - 50cm／H55cm

葉に破れたような穴を持つ姿がユニーク。ツル性で成長とともに自らを支えられなくなるため、支柱を立てたりハンギングで楽しんで。

02
モンステラ・スタンデリアーナ
Monstera standleyana variegata

❊❊❊ ｜ ○○○ ｜ ♦♦♦

別　　名：ハネカズラ
原生地：コスタリカ（A）
サイズ：H30 - 50cm／H40cm

細長く楕円形の葉を持つハネカズラの斑入り品種。モンステラの中でも小型、成長もゆっくりで樹形が乱れにくいのもポイント。

03
アグラオネマ
'アンヤマニーホワイト'
Aglaonema sp. 'Anyamanee White'

❊❊❊ ｜ ○○○ ｜ ♦♦♦

別　　名：—
原生地：東南アジア（A）
サイズ：H30 - 50cm／H50cm

光沢のある葉に白い模様が入ったレア品種。薄暗い場所では、白が反射しさらに神秘的になる一面も。多湿を好むため、葉水を忘れずに。

04
モンステラ
'ジェイドシャトルコック'
Monstera karsteniana
'Jade shuttlecook'

❊❊❊ ｜ ○○○ ｜ ♦♦♦

別　　名：—
原生地：熱帯アメリカ（A）
サイズ：H30 - 50cm／H50cm

くっきり浮き出た葉脈、パリッと肉厚でデコボコした手ざわりが力強い雰囲気のレア品種。ハンギングで楽しんでも。

05
モンステラ・デリシオーサ
Monstera deliciosa

❋❋❋ ｜ ○○○ ｜ ♦♦♦ ♦

別　名：ホウライショウ
原生地：メキシコ、中米（A）
サイズ：H1 - 1.8m／H1.9m

幹から出す気根で体を支え、自由奔放に大きな葉を広げる姿が圧倒的な存在感。育てやすさも最強な、インドアグリーンの代表格。

06
ヒメモンステラ
Monstera pertusa

❋❋❋ ｜ ○○○ ｜ ♦♦♦ ♦

別　名：ペッサム
原生地：ギアナ（A）
サイズ：H30 - 60cm／H45cm

デリシオーサほどの貫禄はないけれど、丈夫で育てやすい小型モンステラ。穴があったり、左右非対称だったりと、葉の形状も自由奔放。

07

ディフェンバキア 'トロピックスノー'

Dieffenbachia seguine 'Tropic Snow'

❄❄❄ | ○○○ | ♦♦♦

別　名：—
原生地：熱帯アメリカ（A）
サイズ：H50 - 80cm／H90cm

ほかの種にくらべ肉厚の葉を密につける、ディフェンバキアの大型種。エキゾチックな雰囲気で、インドアグリーンの重鎮的な存在。

08

アグラオネマ 'ピンクステム'

Aglaonema 'Pink Stem'

❄❄❄ | ○○○ | ♦♦♦

別　名：—
原生地：ミャンマー、スマトラ島（A）
サイズ：H40 - 80cm／H80cm

直立する茎と、矢羽根状に入る葉の模様が特徴的なアグラオネマのレア品種。空気をキレイにする効果が高いことも特徴なのだとか。

09

キサントソーマ・リンデニー

Xanthosoma lindenii

❄❄❄ | ○○○ | ♦♦♦

別　名：アメリカサトイモ
原生地：西インド諸島、コロンビア（A）
サイズ：H60 - 80cm／H80cm

濃い緑に走る白い葉脈、その葉を幾重にも重ねる上品な立ち姿。エキゾチックさと繊細さ、両方の魅力をあわせ持つ魅惑プランツ。

Araceae Section 2

10
フィロデンドロン
'ロジョコンゴ'
Philodendron 'Rojo Congo'

❄❄❄ ｜ ☼☼☼ ｜ ◊◊ ◊

別　名：―
原生地：中米（A）
サイズ：H40 - 80cm／H1.1m

濃いグリーンの大きな葉が、どこかエキゾチックで艶っぽい大人の印象。成長がゆっくりで、形が崩れにくいのもいいところ。

11
フィロデンドロン
'プルートロンギフォリア'
Philodendron 'Pluto longifolia'

❄❄❄ ｜ ☼☼☼ ｜ ◊◊ ◊

別　名：フィロデンドロン・シャーク
原生地：中南米（A）
サイズ：H40 - 80cm／H90cm

深い切れ込みがある細い葉から、別名シャークとも。中心から伸びる赤い新芽と、濃いグリーンの葉とのコントラストも美しい。

12
フィロデンドロン・
エレガンス
Philodendron elegans

❄❄❄ ｜ ☼☼☼ ｜ ◊◊◊

別　名：―
原生地：グアテマラ、メキシコ（A）
サイズ：H30 - 50cm／H1m

細い葉がいくつも並んだように見えるけれど、じつはとっても深い切れ込みが入った1枚の葉！ 羽根のような美しさを持つレア品種。

SOLSO FARM BOOK 41

Section 2　　　　　　　　　　　　　　　　Araceae

14
フィロデンドロン・ビレッティア
Philodendron billietiae

❄❄❄ ｜ ○○○ ｜ ♦♦♦

別　名：—
原生地：南米（A）
サイズ：H40 - 60cm／H70cm

細いハート形の葉を四方に揺らす姿が、どこかシュールで愛嬌たっぷり。オレンジ色の茎と、明るいグリーンの葉のコントラストも魅力！

13
フィロデンドロン・ペダツム
Philodendron pedatum

❄❄❄ ｜ ○○○ ｜ ♦♦♦

別　名：ヤッコカズラ
原生地：ギアナ、ベネズエラ、ブラジル北部（A）
サイズ：H30 - 80cm／H50cm

葉っぱは特徴的な切れ込みが入ったやっこ形。節から気根を伸ばし、ほかの植物に巻きついて伸びるツル性植物。成長はゆっくりめ。

15
フィロデンドロン'シルバーメタル'
Philodendron imbe 'Silver Metal'

❄❄❄ ｜ ○○○ ｜ ♦♦♦

別　名：—
原生地：中南米（A）
サイズ：H30 - 50cm／H30cm

やや多肉質で、シルバーメタリックな葉が印象的。一見クールに見えるけれど、上品でやわらかな雰囲気のインテリアにもマッチ。

16
フィロデンドロン'クッカバラ'
Philodendron 'Kookaburra'

❄❄❄ ｜ ○○○ ｜ ♦♦♦

別　名：クッカバラ
原生地：南米（A）
サイズ：H40 - 80cm／H75cm

芋のような茎から深い切れ込みのある葉を伸ばす姿がとってもワイルド。幹立ちの株は、落葉後にできる丸い葉痕も楽しみたい。

17
フィロデンドロン・セローム
Philodendron selloum

❄❄❄ | ☾☽☾ | ♦♦♦

別　名：ヒトデカズラ
原生地：ブラジル南部、パラグアイ（A）
サイズ：H0.4 - 1.2m／H90cm

ランダムな切れ込みのある葉と、根上がり樹形がワイルドな人気品種。成長とともに茎が木質化し、年を経るごとに増える葉痕も魅力。

18
フィロデンドロン・グラジエラエ
Philodendron grazielae

❄❄❄ | ☾☽☾ | ♦♦♦

別　名：—
原生地：ペルー〜ブラジル北部（A）
サイズ：H30 - 60cm／H30cm

プルンとした肉厚でハート形の葉がとってもキュート。生育旺盛でツルを伸ばしてグングン育つ。多湿を好むため、葉水を忘れずに！

19
フィロデンドロン・ゴエルディ
Philodendron goeldii 'Fun Bun'

❄❄❄ | ☾☽☾ | ♦♦♦

別　名：フィロデンドロン 'ファンバン'
原生地：メキシコ、中米（A）
サイズ：H40 - 60cm／H70cm

まるでシェフレラのように、鳥の足状に葉を広げる。ワイルドだけど、繊細な美しさもあわせ持つ通好みのフィロデンドロン。

20
フィロデンドロン 'インペリアルゴールド'
Philodendron hyb.' Imperial Gold '

❄❄❄ | ☾☽☾ | ♦♦♦

別　名：—
原生地：中米、熱帯アメリカ（A）
サイズ：H30 - 50cm／H55cm

新しく伸びた茎や新芽が紅色だったり、一枚一枚の葉色が異なるグラデーションだったりと、自然が織りなすカラー遊びが楽しいひと株。

21
アンスリウム・スカンデンス
Anthurium scandens

❀❀❀ | ○○○ | ◆◆◇

別　名：ノボリウチワ
原生地：エクアドル（A）
サイズ：H30 - 60cm／H70cm

花でなく実を楽しむアンスリウム。棒状の花（肉穂花序）が次第に半透明のブドウのような実に変化。不思議な生態を持つ変わり者。

22
フィロデンドロン・グロリオスム
Philodendron gloriosum

❀❀❀ | ○○○ | ◆◆◆

別　名：—
原生地：中米〜南米（A）
サイズ：H50 - 60cm／H80cm

ハート形の葉は、濃いグリーンに白い葉脈が映えて美しい。生育旺盛で気根を伸ばしグングン茎と葉を広げていく。葉水を忘れずに。

23
アンスリウム・ポリスキスツム
Anthurium polyschistum

❀❀❀ | ○○○ | ◆◆◆

別　名：モミジバウチワ
原生地：南米北部、コロンビア（A）
サイズ：H40 - 60cm／H1.1m

モミジのような葉を持ち、花ではなく葉を楽しむアンスリウム。気根を出しながら細い茎を伸ばすため、大きく育てるなら支柱を立てて。

24
アグラオネマ・ヒトスジクサ
Aglaonema costatum var. immaculatum

❄❄❄｜○○○｜💧💧💧

別　名：—
原生地：ベトナム、タイ、マレーシア（A）
サイズ：H30 - 60cm／H50cm

葉の中心に1本だけスラッと伸びる白線が、どこか神秘的。日光が強いと葉が傷むため、明るい室内に置き、葉水も忘れずに。

25
スパティフィラム
Spathiphyllum sp.

❄❄❄｜○○○｜💧💧💧

別　名：—
原生地：メキシコ、中米（A）
サイズ：H40 - 80cm／H55cm

光沢のある葉が立ち上がり、丈夫で育てやすい人気のインドアグリーン。花のような仏炎苞（ぶつえんほう）が季節を問わず楽しめるのもうれしい。

26
アンスリウム・クラリネルビウム
Anthurium clarinervium

❄❄❄｜○○○｜💧💧💧

別　名：—
原生地：コロンビア（A）
サイズ：H40 - 80cm／H55cm

ベルベットのような質感の葉に、銀白色の葉脈がワイルドな原種のアンスリウム。葉を出すたびに花茎を伸ばし、花を咲かせる。

27
アンスリウム・フーケリー
Anthurium hookeri

❄❄❄｜○○○｜💧💧💧

別　名：—
原生地：ギアナ、西インド諸島（A）
サイズ：H40 - 80cm／H80cm

気根を出し岩や樹木に貼りつく着生種。葉が鳥の巣のように重なるため、Bird's Nest（鳥の巣）とも。斑入りタイプはかなりレア。

28
オキシカルジウム'ブラジル'
Philodendron hederaceum var. oxycardium 'Brasil'

❄❄❄ | ○○○ | ♦♦♦

別　名：―
原生地：メキシコ東部、西インド諸島（A）
サイズ：H30 - 60cm／H1m

明るいグリーンとのコントラストが美しい、斑入りのレア品種。卵形の葉を連ねる姿が、見た目にも明るく爽やかな印象。

29
ポトス'エンジョイ'
Epipremnum aureum 'N'Joy'

❄❄❄ | ○○○ | ♦♦♦

別　名：―
原生地：ソロモン諸島（A）
サイズ：H30 - 60cm／H50cm

グリーンとアイボリーのコントラストがエレガントな、ポトスの人気品種。成長もゆっくりで形が崩れにくいため、最初のひと鉢にも。

30
オキシカルジウム'ライム'
Philodendron oxycardium 'Lime'

❄❄❄ | ○○○ | ♦♦

別　名：―
原生地：メキシコ東部、西インド諸島（A）
サイズ：H30 - 60cm／H40cm

ライムグリーンの葉が空間ににぎやかさをプラス。日光が不足すると間延びしたバランスの悪い姿になるため、適度に明るい場所に。

31
シンゴニウム・エリスロフィルム
Syngonium erythrophyllum

❄❄❄ | ○○○ | ♦♦♦

別　名：シンゴニウム・チョコレート
原生地：パナマ（A）
サイズ：H10 - 20cm／H25cm

深い緑とピンクのコントラストが独特。大人っぽい空間でカラーを際立たせるスタイリングに。寒さに弱いため、冬の置き場所には注意。

32
ポトス
'パーフェクトグリーン'
Epipremnum pinnatum 'Perfect Green'

❄❄❄ | ○○○ | ♦♦♦

別　名：—
原生地：東南アジア（A）
サイズ：H30 - 60cm ／ H70cm

斑が入らないグリーン一色の品種。インドアグリーンの定番のポトスは、見た目も華やかなうえ、丈夫で育てやすいことが最大の魅力。

33
スキンダプサス
Scindapsus pictus

❄❄❄ | ○○○ | ♦♦♦

別　名：シラフカズラ
原生地：マレー諸島（A）
サイズ：H20 - 40cm ／ H50cm

少し厚みのある、マットな質感の銀色の葉が特徴。垂れ下がって伸びる美しい姿は、落ち着いた高級感のある空間にも相性よし。

34
シマクワズイモ
Alocasia cucullata

❄❄❄ | ○○○ | ♦♦♦

別　名：—
原生地：インド、ミャンマー（A）
サイズ：H30 - 80cm ／ H60cm

ワイルドさとスタイリッシュさをあわせ持つ、クワズイモの小型品種。芋の部分にパワーをたくわえ、生育旺盛。葉をグングン伸ばす。

35
シンゴニウム'ネオン'
Syngonium podophyllum 'Neon'

❄❄❄ | ○○○ | ♦♦♦

別　名：—
原生地：熱帯アメリカ（A）
サイズ：H10 - 20cm ／ H30cm

葉の表が淡いピンク、裏は淡いグリーンという絶妙なカラーリングが繊細で上品。成長につれ垂れ下がる姿をハンギングで楽しみたい。

SECTION 3

The genus Schefflera & Polyscias

in the family Araliaceae

わさわさ茂る葉がワイルド感たっぷり。
シンボルツリーに！

シェフレラの仲間

ウコギ科シェフレラ属・ポリシャス属

世界の熱帯、亜熱帯地方に分布するシェフレラ。原生地では幹から盛んに気根を出し、大木や石に着生している。ななめ上へと伸びる性質があり、たくさんの気根を脚のように伸ばして体を支えながら成長していくさまは、なかなかにワイルド。細い枝を伸び伸びと広げ、手のひら状に小さな葉をつける。その葉をたくさん茂らせるためボリューム感があり、軽やかながらグリーンの存在感をしっかり感じさせてくれる。耐陰性、耐寒性ともに高く、乾燥にも強いので、室内でも置き場所を選ばず、かつ手間をかけなくても育てやすいところも魅力。樹形も個性的なものが多く、ひと鉢でボリューム感と爽やかさ、フォレスト気分が演出できることから、シンボルツリーとして選ぶ人も多い。インドアグリーンとしては定番の人気者。

○ 管理の基本

非常に耐陰性が高いため置き場所を選ばないが、日の当たる場所に置いたほうが締まった株になる。本来は湿潤な環境を好むが、水をやりすぎると生育が盛んになりすぎ、樹形が崩れやすくなるため、乾燥ぎみに管理するのがおすすめ。年間を通して土がしっかり乾いてから水やりする程度でOK。低温に強く、冬は0℃程度まで耐えられるので室内ならまず問題なく冬越しできる。もし屋外に置く場合は、霜に注意しよう。

○ 栽培カレンダー

月	1	2	3	4	5	6	7	8	9	10	11	12
☼ 置き場所						明るい窓辺						
● 水やり		土が完全に乾いたら			表土が乾いたら		毎日					

01
シェフレラ・アルボリコラ
Schefflera arboricola

❄❄❄ ｜ ○○○ ｜ ♦♦♦

別　名：ヤドリフカノキ
原生地：台湾・中国南部（A）
サイズ：H0.8 - 1.8m／H2.5m

しなやかな長い葉が美しく、高級感とワイルドな雰囲気をあわせ持つ代表品種。シェフレラと言えばコレ！ SOLSOでも定番！

02
シェフレラ'グランディ'
Schefflera arboricola 'Grandii'

❄❄❄ ｜ ○○○ ｜ ♦♦♦

別　名：—
原生地：台湾・中国南部（A）
サイズ：H0.8 - 1.5m／H2m

少し広めで波打つように広がる葉っぱが、どこか落ち着いた上品な雰囲気。育てやすくひと鉢で絵になるため、グリーン初心者にも。

04

ポリシャス・バタフライ
Polyscias filicifolia

❀❀❀ | ○○○ | ♦♦♦

別　名：—
原生地：熱帯アジア、オーストラリア（A）
サイズ：H0.3 - 1.2m／H2.5m

細かな葉が茂る姿が爽やかで女性人気が高いが、じつはワイルドな幹が最高にかっこいい！寒さに弱いため置き場所に注意。

03

シェフレラ'マルコ'
Schefflera arboricola 'Maruko'

❀❀❀ | ○○○ | ♦♦♦

別　名：—
原生地：台湾・中国南部（A）
サイズ：H0.8 - 1.2m／H2m

細い葉が多いシェフレラ種の中で、まん丸の葉っぱがとてもユニーク。まるでカエルの手？のような新葉は発見するだけで幸せな気分に！

05
シェフレラ・ゴールデン
Schefflera arboricola 'Dazzle'

❄❄❄ | ○○○ | ♦♦♦

別　名：—
原生地：台湾・中国南部（A）
サイズ：H0.6 - 1.5m／H1.5m

明るいグリーンとイエローのコントラストが、ナチュラル空間にぴったり。朝日を浴びる葉は、その名の通りゴールドに輝く美しさ！

06
シェフレラ'コンパクタ'
Schefflera arboricola 'Compacta'

❄❄❄ | ○○○ | ♦♦♦

別　名：—
原生地：台湾・中国南部（A）
サイズ：H0.6 - 1.2m／H70cm

小さな葉が密集する、アルボリコラの変異種。細く小さな葉を広げた姿はそのままに、キュッと締まった育てやすいサイズ感が魅力。

07
シェフレラ'チェンマイ'
Schefflera arboricola 'Chieng Mai'

❄❄❄ | ○○○ | ♦♦♦

別　名：チェンマイ
原生地：台湾・中国南部（A）
サイズ：H0.5 -1.5m／H1.7m

シャープな葉先が風に揺れる姿が、どこか上品で優雅。シェフレラの中でも葉が大きいため、コレ！という存在感が欲しいときに。

08
シェフレラ 'ハッピーイエロー'
Schefflera arboricola 'HappyYellow'

❄❄❄ | ☼☼☼ | ♦♦♦

別　　名：ホンコンカポック
原生地：東南アジア（A）
サイズ：H0.6 - 1.5m／H1.2m

濃いイエローの斑が不規則に入り、とてもにぎやか。日光によく当てるほどカラーも鮮やかになり、名前の通りハッピー度が増加！

09
アラレア
Dizygotheca elegantissima

❄❄❄ | ☼☼☼ | ♦♦♦

別　　名：シェフレラ・エレガンティッシマ
原生地：ニューカレドニア、ポリネシア（A）
サイズ：H0.6 - 1.5m／H1.2m

濃い緑色をしたギザギザの細葉は、どこか和風な雰囲気。日照不足で葉を落とすことも。明るい場所に置き、春や秋には日光浴も。

10
ツピダンサス
Schefflera pueckleri

❄❄❄ | ☼☼☼ | ♦♦♦

別　　名：シェフレラ・ピュックレリ
原生地：マレー半島、インド（A）
サイズ：H0.5 - 1.5m／H1.6m

アンブレラツリーとも呼ばれ、大きな葉っぱを傘のように広げた姿で人気。とにかく丈夫なため、はじめてのグリーンにも！

SECTION 4

The genus Dracaena & Cordyline

in the family Asparagaceae

アートのようなモダンなフォルムが最大の魅力！

ドラセナの仲間

キジカクシ科ドラセナ属・コルディリネ属

スマートな幹からシャープな葉を茂らせるドラセナとコルディリネ。よく似た見た目から、ひとまとめでドラセナと扱われることも多いが、じつは異なる仲間で、パッと見ではわからないが、コルディリネには地下茎があり、ドラセナにはないという違いがある。ドラセナはおもにアジアやアフリカ、コルディリネは東南アジアなどの、ともに温帯～熱帯を中心に分布しており、見た目だけでなく性質も比較的近い。ビジュアル的な一番の特徴は、そのスッキリとモダンなシルエット。枝がやわらかく自在に仕立てやすいことから、クネクネと特徴を出した曲がりで仕立てられることが多く、葉のカラーも個性的なため、インテリアに個性を出したいときに重宝される通好みの一面もある。アートな雰囲気と妖艶な美しさが最大の魅力で、しかも性質も強いことから、人気の高いグリーンのひとつ。

○ 管理の基本

置き場所は室内では半日陰～日向。直射日光に当たると葉焼けする場合があるので注意する。また、耐陰性も高いが、あまりに日差しが足りないと葉色が悪くなったり徒長（葉や茎が間延びする）したりすることがある。コルディリネのほうが寒さに強く、0℃以下にならなければ冬を越せる種類も多いが、おおむね5～10℃をキープすれば栽培できる。乾燥には比較的強く、冬は過湿で根腐れすることもあるので水やりはひかえめに。

○ 栽培カレンダー

月	1	2	3	4	5	6	7	8	9	10	11	12
☀ 置き場所						明るい窓辺						
♦ 水やり	土が完全に乾いたら				表土が乾いたら		毎日					

01
ドラセナ'コンパクタ'
Dracaena deremensis
'Virens Compacta'

❄❄❄ | ○○○ | ♦♦♦

別　名：—
原生地：熱帯アフリカ（A）
サイズ：H0.6 - 1.5m／H1.4m

濃いグリーンの葉と曲がりで仕立てられた個性的なシルエットに魅せられる人も。暗さに強く育てやすいが、水のあげすぎには注意。

02
ドラセナ'ロッチアーナ'
Dracaena hookeriana
'Rothiana'

❄❄❄ | ○○○ | ♦♦♦

別　名：—
原生地：熱帯アフリカ（A）
サイズ：H0.5 - 1.5m／H1.5m

透けるような白い縁取りのある大きな葉が魅力の希少品種。太い茎の先端に広がるカーブした葉が華やか。乾燥や暗い場所にも強い。

03
ドラセナ・コンパクタ・トルネード
Dracaena deremensis cv.

❄❄❄ | ○○○ | ♦♦♦

別　名：—
原生地：熱帯アフリカ（A）
サイズ：H30 - 50cm／H45cm

その名の通り、カールした葉が中心からトルネード（渦）のように茂る姿がとてもユニーク。希少品種のため、出会ったらぜひ確保を！

04
ドラセナ・アオワーネッキー
Dracaena deremensis 'Virens'

❋❋❋ | ○○○ | ♦♦♦
別　名：—
原生地：熱帯アフリカ（A）
サイズ：H0.5 - 1.5m ／ H1.3m

白い節を持つ茎と、光沢のある葉色がとても美しい青いドラセナ。乾燥気味に育てることで、その美しさをキープできる。

05
ドラセナ'パンクチュラータ'
Dracaena surculosa 'Punctulata'

❋❋ | ○○○ | ♦♦
別　名：スポッテッドドラセナ、ジャパニーズバンブー
原生地：西部熱帯アフリカ（A）
サイズ：H0.8 - 1.5m ／ H2m

黄色の斑入りの葉、笹のような節を持つ茎と、どこか優雅で風流な雰囲気が漂う。明るい場所で、風に揺られるその美しさを楽しんで。

06
トックリラン
Beaucarnea recurvata

❋❋❋ | ○○○ | ♦♦♦
別　名：ノリナ、ポニーテール
原生地：メキシコ東南部（B）
サイズ：H0.3 - 1.5m ／ H1.2m

ブックリふくらんだ荒々しい幹と、その先に広がるカールした細葉のアンバランスが愛くるしい。お気に入りのシルエットを探したい！

Section 4　　　　　　　　　　　　　　Dracaena & Cordyline

07
ドラセナ・コンシンネ（マルギナータ）
Dracaena marginata

❄❄❄ ｜ ○○○ ｜ ♦♦♦

別　名：真実の木
原生地：マダガスカル、熱帯アフリカ（A）
サイズ：H0.5 - 2m ／ H2.2m

幹先から花火のように広がる細葉がとてもやわらかで、爽やかな雰囲気。見た目が華やかなうえ、乾燥に強く丈夫なので、ギフトにも！

08
ドラセナ・ナビー
Dracaena sp.

❄❄❄ ｜ ○○○ ｜ ♦♦♦

別　名：—
原生地：沖縄（F）
サイズ：H1 - 2m ／ H2.4m

スラッと伸びた茎の先に、濃いグリーンの細葉が密集する姿がスタイリッシュ。比較的新しく生まれた希少品種。

09
コルディリネ・ストリクタ
Cordyline stricta

❄❄❄ ｜ ○○○ ｜ ♦♦♦

別　名：青ドラセナ
原生地：東オーストラリア（F）
サイズ：H1 - 2m ／ H2.2m

青ドラセナとも呼ばれ、天に向かって葉を広げる姿が美しい。うまく育てれば、初夏に白とパープルの小さな花が見られることも。

10
コルディリネ'紅光'
Cordyline terminalis
'Kurenaihikari'

❄❄❄｜○○○｜♦♦♦

別　名：—
原生地：沖縄（F）
サイズ：H0.8 - 2m／H2.1m

くれないひかり。複数に枝分かれした細い枝の先に広がる濃い赤の葉には、1枚ずつ異なる独特の模様が入り、どこか妖艶な色っぽさ。

11
コルディリネ'アイチアカ'
Cordyline fruticosa 'Aichiaca'

❄❄❄｜○○○｜♦♦♦

別　名：センネンボク
原生地：中国南部〜オーストラリア北部（D）
サイズ：H0.5 - 2m／H1.7m

ひときわ目立つ鮮やかなボルドー色の葉は、成長するにつれ暗い赤に変化。鮮やかなピンク色の新芽は、透き通るほど美しい。

SECTION
5

The genus
Sansevieria

in the family Asparagaceae

タフさナンバーワン！
見た目もクールな男前グリーン

サンスベリアの仲間

キジカクシ科サンスベリア属

卓上サイズのカッコイイ植物を探しているなら、断然おすすめなのがサンスベリアだ。鉢からニョキニョキとトゲやツノのような葉を伸ばす全体のフォルムもさることながら、実際にさわってみると硬い多肉質な葉の質感や、爬虫類のような模様もアーティスティックで存在感たっぷり。アフリカやアジアの乾燥地帯原産なので、とにかく乾燥に強く、日陰にも強め。忙しくてこまめに水やりができない、置き場所が日陰しかないといった人でもつき合っていける、耐環境性ナンバーワンといっても過言ではない植物なのだ。しかも、観葉植物の中でもとくに空気浄化能力が高いという、エコプランツとしての一面も持つ。唯一気をつけたいのは、水のやりすぎ。水のやりすぎは根腐れの原因になってしまうので、くれぐれもご注意を。

○ 管理の基本

真夏の直射日光を避ければ置き場所を選ばない。かなり耐陰性が高いので日陰でも育つが、明るい場所で育てたほうが葉色がよく、丈夫な株になる。品種により差はあるものの、乾燥や日陰には強いが寒さには弱く、冬場は与えた水の冷たさにより温度が下がり枯れてしまうことがあるので、冬場は完全に水やりをやめてしまうのがおすすめ。春から秋にかけても水やりは鉢土がしっかり乾いてから行い、過湿を避けることが鉄則だ。

○ 栽培カレンダー

月	1	2	3	4	5	6	7	8	9	10	11	12
☼ 置き場所							明るい窓辺					
● 水やり			水やりなし				土が完全に乾いたら					

Section 5　　　　　　　　　　　　　Sansevieria

01
サンスベリア・カナリクラタ
Sansevieria canaliculata

❄❄❄ ｜ ○○○ ｜ ♦♦♦
別　名：―
原生地：熱帯アフリカ（B）
サイズ：H20 - 40cm／H70cm

棒状でムッチリと少し弾力のある葉がひたすら伸びるタイプ。シャープな形はインテリア映えもし、とても丈夫なため最初のひと株にも。

02
**サンスベリア・
エーレンベルギー**
Sansevieria ehrenbergii

❄❄❄ ｜ ○○○ ｜ ♦♦♦
別　名：―
原生地：熱帯アフリカ（B）
サイズ：H20 - 40cm／H1.8m

扇状に葉を広げたシルエットが最高にクールで、まるでオブジェのよう。中心から新芽を伸ばし、ゆっくり時間をかけて扇形に成長する。

03
サンスベリア'ゼラニカ'
Sansevieria trifasciata 'Zeylanica'

❉❉❉ ｜ ○○○ ｜ ♦♦♦

別　名：—
原生地：アフリカ（B）
サイズ：H60 - 80cm／H1.1m

深緑色の葉にゼブラ模様がくっきり入り、力強くスタイリッシュな雰囲気。暗い場所や乾燥にも強いため、とくに育てやすい品種。

04
サンスベリア・フランシシー
Sansevieria francisii

❉❉❉ ｜ ○○○ ｜ ♦♦♦

別　名：—
原生地：熱帯アフリカ（B）
サイズ：H20 - 40cm／H70cm

とがった葉がパイナップルのように密集して成長。サンスベリアの中でも成長が早く、子株を次々と出すため、株分けを楽しんでも。

05
サンスベリア 'シルバープリンセス'
Sansevieria trifasciata 'Silver Princess'

❄❄❄ | ○○○ | ♦♦♦♢

別　名：—
原生地：アフリカ（B）
サイズ：H20cm／H45cm

明るいグリーンに白い模様が入った細葉は、上品で繊細な雰囲気も。どこか女性的なやわらかさが、インテリアを選ばず合わせやすい。

06
サンスベリア 'ボンセレンシス'
Sansevieria 'Boncellensis'

❄❄❄ | ○○○ | ♦♦♦

別　名：—
原生地：熱帯アフリカ（B）
サイズ：H20 - 30cm／H50cm

縞模様のプックリした葉を扇状に広げる姿が、どこか愛らしい。成長が早く、脇から子株を出しながら縦に横に大きくなるタイプ。

07
サンスベリア 'ブルーキュー'
Sansevieria arborescens 'Blue Kew'

❄❄❄ | ○○○ | ♦♦♦

別　名：—
原生地：ソマリア（C）
サイズ：H20cm／H40cm

シルバーブルーの葉を、互い違いに下方向へ巻くように伸ばすレア品種。成長が遅いため、その美しい姿を長く楽しめるのも魅力。

08
サンスベリア・キルキー・プルクラ'カッパートーン'
Sansevieria kirkii var. pulchra 'Coppertone'

❄❄❄ | ○○○ | ♦♦♦

別　名：—
原生地：熱帯アフリカ（B）
サイズ：H20cm／H45cm

独特のコッパーカラーが渋く男前な雰囲気。肉厚で硬い葉が四方に広がり、葉についたキズでさえも、年月を経て味わい深い窓に変化。

09
サンスベリア・マッソニアーナ'バリエガタ'
Sansevieria masoniana 'Variegata'

❄❄❄ | ○○○ | ♦♦♦

別　名：—
原生地：アフリカ（B）
サイズ：H20cm／H40cm

ひとつの株から幅広の葉を数枚しかつけない個性派品種。葉が密生するタイプとは違う、特別な1枚を楽しもう。黄色い斑入りが美しい。

10
サンスベリア'スプーンリーフ'
Sansevieria concinna 'Spoon Leaf'

❄❄❄ | ○○○ | ♦♦♦

別　名：—
原生地：アフリカ（B）
サイズ：H20cm／H40cm

放射状に広がるやわらかで、名前の通りスプーンのような形の葉が特徴。サンスベリアの中では珍しい、女性的なかわいらしいタイプ。

SECTION 6
Pteridophyta

いまにも動き出しそう！
ワイルドさとジャングル感が魅力

シダの仲間

シダ植物

最古の地上植物とされるコケ植物と、その後大繁栄した種子植物の特徴をあわせ持つ、中間的な存在とされるシダの仲間。世界中に広く分布しており、その数は1万種とも。多湿な日陰を好むものが多く、岩や木に着生するタイプも多い。くるくると渦を巻いた愛嬌のある新芽を出すことも特徴のひとつ。葉はダバリアのような繊細な小葉から、アスプレニウムのようにワイルドで巨大な葉まで多種多様。株の形状や大きさもさまざまなので、置き場所、好みの飾り方に合わせて選ぶことができる。また、細部に渡って観察すると驚きや発見が多く、楽しいのもシダの特徴だ。葉先のフォルム、産毛のような毛におおわれた枝、毛むくじゃらで動物のような根など、不思議な造形を堪能しよう。

○ 管理の基本

湿度を好むので、とくに春から秋にかけては水切れに注意し、表土が乾いたら水やりを。冬は生育が鈍るので土が完全に乾いてからでOK。ただし、1年を通してこまめに霧吹きをして空気中の湿度を補うようにしよう。耐陰性は高いものの、室内では明るい場所に置いたほうが葉色が濃くなったり、締まった株に育ったりする。冬は0℃程度の気温にも耐えられる耐寒性の高い品種もあるが、5℃以下にならないよう注意すると安心。

○ 栽培カレンダー

月	1	2	3	4	5	6	7	8	9	10	11	12
☼ 置き場所					明るい室内							
♦ 水やり	土が完全に乾いたら				表土が乾いたら							

Section 6   Pteridophyta

01
リコポディウム・ゴエベリー
Huperzia goebelii

❄❄❄ | ☼☼☼ | ♦♦♦

別　名：ヒカゲノカズラ、フペルジア
原生地：ボルネオ島（A）
サイズ：H60 - 80cm／H75cm

原始的な風貌が存在感満点、別名フペルジア。重力そのままに垂れ下がり、気分で枝分かれして伸びる自由奔放さもたまらない。

02
ホウビカンジュ
Nephrolepis biserrata

❄❄❄ | ☼☼☼ | ♦♦♦

別　名：宮古ぜんまい
原生地：世界の熱帯（A）
サイズ：H30 - 50cm／H85cm

沖縄から東南アジアに自生する代表的なシダ。冬以外は屋外でも管理できるが、空中湿度をとくに好むため、葉への水やりも忘れずに。

03
アスプレニウム'ビクトリア'
Asplenium antiquum 'Victoria'

❄❄❄ | ☼☼☼ | ♦♦♦

別　名：—
原生地：熱帯アジア（A）
サイズ：H30 - 50cm／H70cm

やわらかに波打つ葉は見るだけで爽やかな気分に。次々と伸びるクルンと丸まった新芽も、楽しいポイント。明るい室内で葉水多めで。

Pteridophyta　　Section 6

04
アスプレニウム
Asplenium sp.

❀❀❀ ｜ ○○○ ｜ ♦♦♦ ♦

別　名：—
原生地：熱帯アジア（A）
サイズ：H30 - 50cm／H70cm

触感は超硬質。アスプレニウムの葉が分裂組織の突然変異などにより、石化（石のように固く奇形すること）したもの。かなりレア。

05
フレボディウム・アウレウム
Phlebodium aureum

❀❀❀ ｜ ○○○ ｜ ♦ ♦♦♦

別　名：フレボディウム・ブルースター
原生地：熱帯アメリカ（A）
サイズ：H30 - 60cm／H1m

淡いシルバーグリーンの葉色がフワフワと風になびく姿がとてもやわらか。枯れた下葉はどんどん摘み取り、新芽を吹かせてあげて。

06
アスプレニウム 'コブラ'
Asplenium 'Cobra'

❀❀❀ ｜ ○○○ ｜ ♦♦♦

別　名：—
原生地：熱帯アジア（A）
サイズ：H30 - 50cm／H80cm

硬く波打った葉を伸ばし、カールした葉先はまるでコブラのよう。力強い印象で、インテリアの主役にしたいひと鉢。

SOLSO FARM BOOK

07
アグラオモルファ・コロナンス
Aglaomorpha coronans

別　　名：カザリシダ
原生地：東南アジア、インド（A）
サイズ：H30 - 50cm ／ H25cm

毛におおわれた根茎と貯水機能を持つ枯葉状の葉で樹木などに着生する姿がとても不思議。人工物のようなガサガサした質感の葉も魅力。

08
ボストンファーン
Nephrolepis exaltata 'Bostoniensis'

別　　名：セイヨウタマシダ
原生地：中南米（A）
サイズ：H20 -40cm ／ H40cm

美しい葉がしなやかに垂れ下がる姿がとても涼やか。生育旺盛なため、乾燥や寒さで葉が多少枯れても、春には新芽が吹くのでご心配なく。

09
ムカデカズラ
Lycopodium remoganense

別　　名：ヒカゲノカズラ
原生地：台湾以南（A）
サイズ：H30 - 60cm ／ H40cm

まるで意志を持って動き出しそうな不思議な姿。自立せずにはうように伸びるため、ハンギングなどでその不思議な造形を楽しみたい。

10
クロコダイルファーン
Microsorum musifolium

別　　名：—
原生地：東南アジア、オセアニア（A）
サイズ：H30 - 50cm ／ H35cm

少しメタリックな光沢のある、ワニの皮膚のような模様が独特。湿度を好むため葉水はしっかりと。直射日光に当てないよう注意して。

11
ビカクシダ・ウィリンキー
Platycerium willinckii

❄❄❄ | ○○○ | ♦♦♦

別　名：ナガバビカクシダ
原生地：インドネシア・ジャワ諸島（A）
サイズ：H60 - 80cm／H90cm

上に伸びる貯水葉は水や養分をたくわえて深く分岐。垂れ下がって伸びる胞子葉は胞子をつくる。異なる役割を持つ葉が最大の特徴。

12
ビカクシダ'ネザーランド'
Platycerium bifurcatum 'Netherlands'

❄❄❄ | ○○○ | ♦♦♦

別　名：—
原生地：東南アジア、オーストラリア北部（A）
サイズ：H30 - 60cm／H40cm

ビフルカツムの改良品種で、丈夫で次々と新芽を伸ばす。苔玉に仕立てられることも多く、ビカクシダビギナーにもおすすめ。

13
ビカクシダ・ビフルカツム
Platycerium bifurcatum

❄❄❄ | ○○○ | ♦♦♦

別　名：—
原生地：オセアニア（A）
サイズ：H30 - 60cm／H60cm

THEビカク！とも言えるビカクシダの代表格。剛健で育てやすく、慣れれば屋外でも越冬するほど。時間をかけてじっくりつき合いたい。

14
アスプレニウム'レズリー'
Asplenium nidus 'Leslie'

❋❋❋ | ○○○ | ♦♦♦

別　名：—
原生地：熱帯アメリカ（A）
サイズ：H30 - 50cm／H55cm

縮れた葉の先端がまるでレタスのようだけれど、さわると意外としっかりした質感でびっくり。明るいカラーで、爽やかな雰囲気。

15
ネフロレピス・エクセルタータ'エミーナ'
Nephrolepis exaltata 'Emina'

❋❋❋ | ○○○ | ♦♦♦

別　名：ネフロレピス・エミーナ
原生地：インド、東南アジア（A）
サイズ：H20 - 40cm／H45cm

さわらずにはいられない魅力的な風貌で、シダの多様性を改めて実感するひと株。明るい室内に置き水は多めに、葉水もこまめに。

16
アスプレニウム・アンティーカム'オオサカ'
Asplenium antiquum 'Osaka'

❋❋❋ | ○○○ | ♦♦♦

別　名：—
原生地：日本、台湾（A）
サイズ：H20 - 50cm／H45cm

みずみずしい質感と波打つ葉が美しい観賞シダの代表的存在。直射日光に当たると葉が傷むため、管理は明るい室内で。

17
キンモウコ
Cibotium barometz

❄❄❄ | ☼☼☼ | ◆◆◆

別　　名：タカワラビ、ゴールデンモンキー
原生地：琉球諸島、東南アジア、インド（A）
サイズ：H30 - 50cm／H40cm

毛におおわれた不思議な根茎が動物のようでたまらなく魅力的。茎が乾燥すると葉も枯れてしまうため、葉水は株全体にしっかりと。

18
ダバリア・トリコマノイデス
Davallia trichomanoides

❄❄❄ | ☼☼☼ | ◆◆◆

別　　名：ダバリア・ラビットフット、西洋シノブ
原生地：マレーシア（A）
サイズ：H20 - 60cm／H55cm

繊細で涼やかな印象で、苔玉仕立てでも人気。モジャモジャの毛でおおわれた根茎がウサギの脚に見えることから、ラビットフットとも。

19
タイワンアオネカズラ
Polypodium formosanum

❄❄❄ | ☼☼☼ | ◆◆◆

別　　名：ポリポディウム・フォルモサヌム
原生地：台湾（A）
サイズ：H20 - 40cm／H50cm

青根という名の通り、薄緑の根茎が地をはうように伸びる着生シダで、夏に落葉し冬に葉を伸ばす習性を持つ。水はたっぷりと。

SECTION 7

The family Bromeliaceae

怪しい美しさを放つ、エキゾチックな
トロピカルプランツ

パイナップルの仲間

パイナップル科

パイナップルの仲間で、アナナスとも呼ばれる植物たち。葉の色柄や花の様子がどことなく動物的で、そのエキゾチックで怪しい妖艶さが最大の魅力。熱帯アメリカ原産で、多くが湿潤な森で木などに着生し、次々と子株を増やしながら生きている。近年ビザールプランツ（珍奇植物）としても注目されている「タンクブロメリア」も、パイナップルの仲間だ。「タンク＝水をためる」「ブロメリア＝パイナップル」という名前の通り、株の中心部とその周りの葉の間に水をため、葉から水分を吸収するという、なんとも不思議な性質を持つ。そのため栽培が難しく思われがちだが、水をためておける分少しほうっておいても育つので、じつは育てやすいという一面も。ひと鉢手に入れるとどんどん集めたくなる、マニア心を刺激してやまない植物たちなのだ。

○ 管理の基本

葉焼けしないよう直射日光は避け、一年を通じて明るい室内に置く。葉が硬いタイプは日の当たる場所（直射はNG）のほうが締まった株になる。湿度の高い環境を好むものが多いので、一年を通じて霧吹きなどで補おう（ただしタンクブロメリア以外は蒸れないよう、霧吹き後はとくに風通しに注意する）。タンクブロメリアは春〜秋は中心部に水がたまった状態を保ち、水温が下がる冬は水を抜き、土が乾いたら株元に水やりをする。

○ 栽培カレンダー

月	1	2	3	4	5	6	7	8	9	10	11	12
置き場所						明るい室内						
水やり	土が完全に乾いたら				表土が乾いたら※							

※タンクブロメリアは中心部につねに水をためておく

Section 7 — Bromeliaceae

01
フリーセア'レッドチェストナット'
Vriesea fosteriana 'Red Chestnut'

❄❄❄ | ☼☼☼ | ♦♦♦

別　　名：インコアナナス
原 生 地：ブラジル（A）
サ イ ズ：H30 - 40cm／H80cm

花のように葉を広げる姿は、まるでオブジェのよう。葉の間に水をためるため、たまった水を交換するように株の上から水を与える。

02
ビルベルギア・サンデルシー
Billbergia saundersii

❄❄❄ | ☼☼☼ | ♦♦♦

別　　名：―
原 生 地：熱帯アメリカ（A）
サ イ ズ：H30 - 40cm／H70cm

筒アナナスとも呼ばれるタンクブロメリアで、ダークな葉色とエキゾチックな花の対比が妖艶。子株が出るタイプは、増やす楽しみも。

SOLSO FARM BOOK

Bromeliaceae　　　　　　　　　Section 7

03
アラエオココス
Araeococcus fragellifolius

❄❄❄ ｜ ☼☼☼ ｜ ♦♦♦

別　名：—
原生地：ブラジル（A）
サイズ：H30 - 40cm／H85cm

日光の具合や季節により、葉色を赤く変える姿も魅力的。グラスのような極細葉のシルエットは、空間にアクセントが欲しいときに。

04
ホヘンベルギア・
レオポルド・ホルスティ
Hohenbergia leopoldo-horstii

❄❄❄ ｜ ☼☼☼ ｜ ♦♦♦

別　名：—
原生地：ブラジル（A）
サイズ：H20 - 30cm／H95cm

壺のような愛嬌のあるシルエット。日光によく当て、適度な水で元気に育てると、キュッと締まったかっこいいシルエットに。

05
ケスネリア・
マルモラータ
Quesnelia marmorata

❄❄❄ ｜ ☼☼☼ ｜ ♦♦♦

別　名：—
原生地：ブラジル東部（A）
サイズ：H20 - 30cm／H70cm

「大理石」という意味の名を持つ、硬葉系のタンクブロメリア。どこか上品ないで立ち、美しい色と質感がまるでオブジェのよう。

SOLSO FARM BOOK　77

06
ネオレゲリア'ファイアーボール'
Neoregelia 'Fireball'

❄❄❄ | ○○○ | ♦♦♦

別　名：—
原生地：熱帯アメリカ（A）
サイズ：H20 - 30cm／H50cm

日に当てるほど、赤紫色の葉色が
より鮮やかに。水はおもに葉から
吸収するため、筒状になった葉の
中心にはつねに水をためて。

07
ネオレゲリア・パウシフローラ
Neoregelia pauciflora

❄❄❄ | ○○○ | ♦♦♦

別　名：—
原生地：ブラジル（A）
サイズ：H30 - 40cm／H60cm

生育旺盛で次々と子株を出すため、飽きず
に観察できる。日に当てるほど斑模様が濃
く出て、グリーンとの対比もより鮮やかになる。

Bromeliaceae　　Section 7

08
ネオレゲリア・ハイブリッド
Neoregelia hybrid

❋❋❋ ｜ ○○○ ｜ ♦♦♦

別　名：—
原生地：熱帯アメリカ（A）
サイズ：H30cm／H35cm

ジャングルの樹木や岩に着生し静かに雨を待つタンクブロメリア。硬い葉の周りにある細かなトゲからは、生きる執念さえ感じられる。

09
ビルベルギア・ナナ
Billbergia nana

❋❋❋ ｜ ○○○ ｜ ♦♦♦

別　名：—
原生地：ブラジル（A）
サイズ：H30-40cm／H55cm

白いパウダーをまとった赤い筒が美しい。樹木や岩に根を張り、細長い筒の部分に水や養分をためて生きるという不思議な生態を持つ。

10
ネオレゲリア・インフィニティ
Neoregelia infiniti

❋❋❋ ｜ ○○○ ｜ ♦♦♦

別　名：—
原生地：熱帯アメリカ（A）
サイズ：H40-50cm／H45cm

細い葉を何層にも重ねるように上に伸びる姿が珍しい、幹立ちタイプのネオレゲリア。葉が丸まったら水不足のサイン。

SOLSO FARM BOOK

Section 7　　　　　　　　　　　　　　　　Bromeliaceae

11
オルソフィツム・ヴァガンス
Orthophytum vagans variegated

❄︎❄︎❄︎ | ☼☼☼ | ♦♦♦

別　名：—
原生地：ブラジル東部（A）
サイズ：H30 - 40cm／H40cm

細い葉の周りに小さなトゲがびっしり。上品で繊細な雰囲気と、エキゾチックな力強さを持つレア品種。日に当てるほど赤みが増す。

12
ディッキア・マルニエルラポストレイ
Dyckia marnier-lapostollei

❄︎❄︎❄︎ | ☼☼☼ | ♦♦♦

別　名：—
原生地：ブラジル（A）
サイズ：H10 - 20cm／H20cm

その痛さは世界一⁉︎ともいわれる鋭いトゲと、他を寄せつけない静かな佇まい。どこか色気と力強さをあわせ持つ、クールプランツ。

13
ディッキア・デリカータ
Dyckia delicata

❄︎❄︎❄︎ | ☼☼☼ | ♦♦♦

別　名：—
原生地：ブラジル（A）
サイズ：H10 - 20cm／H20cm

ダイナミックな見た目に違わず性質もとくに丈夫なため、春〜秋は屋外での管理も◯。よく日に当てるほど形も色もかっこよく育つ。

14
ネオレゲリア 'リオオブリオ'
Neoregelia 'Fireball Rio of Rio'

❄❄❄ | ☼☼☼ | ♦♦♦

別　名：—
原生地：熱帯アメリカ（A）
サイズ：H20 - 30cm／H1.2m

次々とランナー（親株から伸びる茎）を伸ばした先に子株をつくり、枝をつたったり大きなボール状となって成長。水やりは葉の中心にためながら全身に。

15
クリプタンサス
Cryptanthus bivittatus

❄❄❄ | ☼☼☼ | ♦♦♦

別　名：ヒメアナナス
原生地：南米（A）
サイズ：H10 - 20cm／H20cm（2点とも）

鮮やかな葉色とガサガサした触感が独特で、地面をはうように葉を広げる姿はまるでヒトデ。強い日光に弱いので、管理は半日陰で。

SECTION
8

The genus
Tillandsia

in the family Bromeliaceae

土なしで楽しめる
オブジェライクな不思議植物

チランジアの仲間

パイナップル科チランジア属

「エアプランツ」としてもおなじみのチランジア。土を必要とせず、オブジェのように転がしたり吊るしたりと、雑貨やインテリアに合わせながら、自在にディスプレイを楽しめることが最大の魅力。チランジアは水がいらない、と誤解されることも多いが、じつはかなり水が好きな性質。原生地では、その多くが高地の木や岩に着生しながら、昼間は日差しを浴び、夜になると立ち込める霧の中で体全体から水分を吸収して生きている。水分を保持するための産毛であるトリコームで体全体をおおった銀葉種と、トリコームのない緑葉種に区分され、どちらもうまく育てれば、小さな子株や美しくカラフルな花で楽しませてくれることも。オブジェのようであり、動物のようでもあり、自由奔放さが魅力のチランジア、はまったら抜けられない魅力いっぱいの不思議プランツ！

○ 管理の基本

耐陰性は高いものの、1年を通じて直射日光の当たらない明るい窓辺に置くのがおすすめ。水やりは週に数回はしっかり霧吹きをし、乾燥しすぎた場合にはバケツの水などにずぶっとつける「ソーキング」を行う。いずれも水やり後は蒸れないよう葉の間に入った水をしっかり切り、風通しのよい場所に置く。葉先が丸まったり白っぽくなったりしたら乾燥のサイン。冬以外は、水分も風もある雨の日に軒下に吊るすという方法も。

○ 栽培カレンダー

月	1	2	3	4	5	6	7	8	9	10	11	12
☼ 置き場所						明るい室内						
💧 水やり					1日1回〜週に数回霧吹き							

82　SOLSO FARM BOOK

01
チランジア'コットンキャンディ'
Tillandsia 'Cotton Candy'
(T. stricta × T.recurvifolia)

❄❄❄｜☼☼☼｜💧💧💧

別　名：—
原生地：—（C・D）
サイズ：W10 - 20cm／W11cm

淡い紫やピンク色の花が咲く人気品種。開花後は子株を出しやすいことから、霧吹きをしっかりして育てれば、次の花を咲かせることも。

02
チランジア・アンドレアナ
Tillandsia andreana

❄❄❄｜☼☼☼｜💧💧💧

別　名：—
原生地：南米（C・D）
サイズ：W8 - 10cm／H8.5cm

細く針のような葉を半球状に広げ、朱色の花を包むように抱える姿は、「チランジアの宝石」と呼ばれるほどの美しさ。寒さと蒸れに弱い。

03
チランジア・カピタータ
Tillandsia capitata

❄❄❄｜☼☼☼｜💧💧💧

別　名：—
原生地：メキシコ、中米（C・D）
サイズ：W10 - 15cm／W12cm

肉厚でしっかりした葉が先に向けて丸まる姿が美しい。大型になりやすいのも特徴で、レッド、イエロー、サーモンなど変種もあり。

04
チランジア・アエラントス'ミニアータ'
Tillandsia aeranthos 'Miniata'

❄❄❄｜☼☼☼｜💧💧💧

別　名：—
原生地：中米（C・D）
サイズ：—／W10cm

内側に反るように葉を伸ばすアエラントスの小型種で、写真は群生株。葉の密度が高く蒸れやすいので、水やり後にはしっかり水切りを。

06
チランジア・ウスネオイデス
Tillandsia usneoides

❋❋❋ | ○○○ | ♦♦♦

別　名：サルオガセモドキ、スパニッシュモス
原生地：中南米（C・D）
サイズ：H30 - 60cm ／ H60cm

とにかく不思議な形は、ただ吊り下げ風に揺らして楽しみたい。じつは水を好むため、霧吹きはしっかりと行い、内側の蒸れには要注意。

05
チランジア・セレリアナ
Tillandsia seleriana

❋❋❋ | ○○○ | ♦♦♦

別　名：—
原生地：メキシコ、中米（C・D）
サイズ：L10 - 15cm ／ L14cm

薄いトリコームがフワフワした質感の壺形種。樹木に着生し、葉の間にアリが住み着くこともあり、大きいものは50cmにもなるのだとか。

07
チランジア・テクトラム
Tillandsia tectorum

❋❋❋ | ○○○ | ♦♦♦

別　名：—
原生地：エクアドル、ペルー（C・D）
サイズ：W15 - 20cm ／ W17cm

葉の表面が、フワフワとした白い毛（トリコーム）でおおわれた銀葉種の代表格。水やりをひかえめにすることで、美しい状態を保てる。

09
チランジア・キセログラフィカ
Tillandsia xerographica

❊❊❊ ｜ ○○○ ｜ ♦♦♦

別　　名：―
原生地：メキシコ、中米（C・D）
サイズ：W20 - 30cm／W30cm

硬く銀色を帯びた葉が美しく広がる姿は、王様の風格。中心から伸びる新芽も美しく、大きく成長すると紫色の花を咲かせることも。

10
チランジア・トリコロール
Tillandsia tricolor

❊❊❊ ｜ ○○○ ｜ ♦♦♦

別　　名：―
原生地：中米、メキシコ（C・D）
サイズ：L20 - 30cm／L30cm

トリコームが少ない緑葉種。硬めで細長い葉が伸び、葉の根元が黒ずむのが特徴。スタイリッシュなシルエットは存在感バツグン！

08
チランジア・フレクスオーサ・ヴィヴィパラ
Tillandsia flexuosa var.vivipara

❊❊❊ ｜ ○○○ ｜ ♦♦♦

別　　名：フレキシオーサ
原生地：ベネズエラ（C・D）
サイズ：W15 -20cm／H1.2m

硬質で肉厚、縞模様のあるシャープな葉を持つ銀葉種。長く伸びた花茎から多くの子株を出しながら、さらに進化する姿がたまらない。

11
チランジア・ファシクラータ
Tillandsia fasciculata

❈❈❈ ｜ ○○○ ｜ ♦♦♦

別　　名：—
原生地：北中米（C・D）
サイズ：H20 - 30cm ／ H45cm

硬質でトリコームが少なめの緑葉種。水を好み大型になるタイプのため、鉢植えや着生させたほうがより美しい姿に育てやすい。

12
チランジア・ジュンセア
Tillandsia juncea

❈❈❈ ｜ ○○○ ｜ ♦♦♦

別　　名：—
原生地：メキシコ、中米（C・D）
サイズ：L15 - 30cm ／ L40cm

まるで箸のように細く伸びるシルエットが美しい銀葉種。乾燥に強くとても丈夫だが、水やり後は水をしっかり切ることを忘れずに。

13
チランジア・ドゥラティ
Tillandsia duratii

❈❈❈ ｜ ○○○ ｜ ♦♦♦

別　　名：—
原生地：中南米（C・D）
サイズ：L40 - 60cm ／ L1.3m

根を持たず、カールした葉で自らを枝に絡ませ固定する生態に、まるで動物のような動きも感じる。独特の風貌は、ぜひハンギングで。

SECTION 9

More indoor greens

selected by SOLSO

テイスト&目的で選ぼう！

SOLSO厳選 インドアグリーン

SECTION 8 まででご紹介した植物たちのほかにも、インドアグリーンには数多くの品種があり、まだまだおすすめしたいものもある。そこでここからは、テイストや目的別におすすめの植物たちをご紹介！

Section 9　　More indoor greens

■ 個性派ツリーがほしい！

01
パキラ
Pachira glabra

❄❄❄ ｜ ○○○ ｜ ♦♦♦

科・属：パンヤ（アオイ）科パキラ属
別　名：カイエンナッツ
原生地：熱帯アメリカ（A）
サイズ：H0.3 - 2m／H2.2m

とにかく丈夫で、手のひらを広げたような葉が印象的な人気者。ぷっくりふくらんだ株元は、実生で育った株ならではの特徴。とにかく丈夫で育てやすい！

02
パンノキ
Artocarpus altilis

❄❄❄ ｜ ○○○ ｜ ♦♦♦

科・属：クワ科アルトカルプス属
別　名：ブレッドフルーツツリー
原生地：太平洋諸島（A）
サイズ：H1.5 - 2.5m／H2.6m

焼いた果実がフワフワのパンのようなことから名づけられ、ポリネシアでは街路樹としてもおなじみ。大きな葉や茎の細かな産毛も気持ちいい。希少品種。

More indoor greens　　　　　Section 9

05
アマゾンオリーブ
Syzygium cumini

❄❄❄ | ○○○ | ◆◆◆
科・属：フトモモ科シジギウム属
別　名：ムラサキフトモモ
原生地：南アジア、オーストラリア（A）
サイズ：H1 - 1.5m／H2.2m

じつはユーカリの仲間で、どこか女性的で色気のあるシルエットが美しい。生育が旺盛なため、剪定しながら好みの樹形に仕立てよう。

03
ホソエクマデヤシ
Thrinax ekmanii

❄❄❄ | ○○○ | ◆◆◆
科・属：ヤシ科ホソエクマデヤシ属
別　名：—
原生地：中米、バハマ諸島（A）
サイズ：H1 - 2m／H1.4m

幹が上がったシルエットと、空に向かって円盤状に広がる大きな葉が魅力の超レア品種。ホコリがたまりやすいので、こまめな葉水やお手入れを。

04
エバーフレッシュ
Pithecellobium confertum

❄❄❄ | ○○○ | ◆◆◆
科・属：マメ科ピテセロビウム属
別　名：アカサヤネムノキ
原生地：メキシコ〜南米（A）
サイズ：H0.3 - 2m／H1.9m

日中は葉を広げ、夕方になると葉を閉じる姿が愛らしいエバフレ。初夏に咲かせる綿毛のような薄黄の花には、上品な美しさも。乾燥すると葉が落ちやすいので注意！

SOLSO FARM BOOK　91

Section 9　　　　　　　　　　　　　　　　More indoor greens

06
ストレリチア・オーガスタ
Strelitzia nicolai

❋❋❋ ｜ ○○○ ｜ ♦♦♦

科・属：ゴクラクチョウカ科ストレリチア属
別　名：オウギバショウモドキ
原生地：マダガスカル（D）
サイズ：H0.8 - 2m／H2.1m

大きな葉を広げる特徴的なシルエットは、圧倒的な存在感。エキゾチックで優雅な魅力のある人気の品種。乾燥にも強く、丈夫なためインパクトが欲しいスペースにはぴったり。

07
ウンナンシュロチク
Rhapis humilis 'Unnann'

❋❋❋ ｜ ○○○ ｜ ♦♦♦

科・属：ヤシ科カンノンチク（ラピス）属
別　名：—
原生地：中国南部・雲南省（A）
サイズ：H1 - 2m／H2m

竹という名前ながら、じつはヤシの仲間。幹にある特徴的な節と、上に向かって葉を広げるシルエットがとても上品。寒さや日陰にも強いため、初心者でも育てやすい。

08
セフリジ
Chamaedorea seifrizii

❋❋❋ ｜ ○○○ ｜ ♦♦♦

科・属：ヤシ科チャメドレア属
別　名：バンブーパーム
原生地：メキシコ（A）
サイズ：H1 - 2m／H2.1m

竹のような節を持ち、どこか日本のワビサビの精神が感じられる姿ながら、ヤシの仲間のセフリジ。個性的なシルエットは、ほかのグリーンと合わせたアクセント使いにも。

More indoor greens　　　Section 9

09
ケンチャヤシ
Howea belmoreana

❁❁❁ | ○○○ | ♦♦♦
科・属：ヤシ科ハウエア属
別　名：—
原生地：オーストラリア・ロードハウ島（D）
サイズ：H1 - 2.5m／H2.3m

上品さとエキゾチックな雰囲気をあわせ持ち、濃い緑色の大きくしなやかな葉が貫禄たっぷり。成長はゆっくりなため、時間をかけてじっくりつき合いたい。風通しのいい場所に。

11
ブラジルヒメヤシ
Microcoelum weddelliana

❁❁❁ | ○○○ | ♦♦♦
科・属：ヤシ科シアグラス（ヒメヤシ）属
別　名：—
原生地：ブラジル（A）
サイズ：H1.5 - 2m／H1.8m

まるで羽のように葉を広げる、細くしなやかなシルエットがじつに上品。明るく風通しのいい場所で育てれば、風に揺れる葉を見るだけで贅沢な気分になれそう。

10
ストレリチア'パービフォリア'
Strelitzia 'Parvifolia'

❁❁❁ | ○○○ | ♦♦♦
科・属：ゴクラクチョウカ科ストレリチア属
別　名：ストレリチア・ノンリーフ
原生地：南アフリカ（D）
サイズ：H1 - 1.5m／H1.6m

茎がまっすぐ伸びた姿が最高にスタイリッシュ。スリムな鉢に合わせたり、あえて平らな鉢に合わせたりと、鉢とのマッチングも楽しみたい。

SOLSO FARM BOOK

12
シーグレープ
Coccoloba uvifera

❅❅❅ | ○○○ | ♦♦♦

科・属：タデ科ハマベブドウ（ココロバ）属
別　名：ハマベブドウ
原生地：フロリダ南部、西インド諸島、南米北部（A）
サイズ：H0.8 - 1.5m／H1.2m

ブドウのような実をつけることから、別名ハマベブドウとも。葉脈が浮き出た丸い葉が連なる姿がキュート。カイガラムシがつきやすいので、こまめに葉水を。

13
チャメドレア・メタリカ
Chamaedorea metallica (=tenella)

❅❅❅ | ○○○ | ♦♦♦

科・属：ヤシ科チャメドレア属
別　名：チャメドレア・テネラ
原生地：メキシコ（A）
サイズ：H0.5 -1m／H60cm

とにかくかっこいい！ その名の通り、メタリックな光沢を持つ矢羽根形の葉が特徴の希少品種。うまく育てれば、赤く鮮やかな花を咲かせることも。寒さにも強く育てやすい！

14
ストレリチア・レギネ
Strelitzia reginae

❅❅❅ | ○○○ | ♦♦♦

科・属：ゴクラクチョウカ科ストレリチア属
別　名：極楽鳥花（ゴクラクチョウカ）
原生地：南米（A）
サイズ：H0.8 - 1.5m／H1m

濃くシルバーがかった緑の葉とBird of Paradise（楽園の鳥）という別名の通り、春から秋にかけて咲く色鮮やかな熱帯の鳥のような花が印象的なエキゾチックグリーン。

More indoor greens | Section 9

15
テーブルヤシ
Chamaedorea elegans

❄❄❄ | ☼☼☼ | ♦♦♦

科・属：ヤシ科テーブルヤシ属
別　名：―
原生地：メキシコ（A）
サイズ：H0.2 - 1.5m／H80cm

ヤシの中では育てやすく、成長もゆっくり。ただ、強い日差しは苦手なため、置き場所には注意を。風通しのいい場所に置き、ときどき葉全体にたっぷりの葉水を！

16
ブラキキトン
Brachychiton rupestris

❄❄❄ | ☼☼☼ | ♦♦♦

科・属：アオギリ科ブラキキトン属
別　名：ボトルツリー
原生地：オーストラリア（C）
サイズ：H0.8 - 1.5m／H90cm

いまにも動き出しそうにふくらんだワイルドな幹と、それとは対照的に細くシャープな葉が特徴的。好みのひと株を探して、インテリアのポイントに。葉っぱには霧吹きを忘れずに。

17
シルクジャスミン
Murraya paniculata

❄❄❄ | ☼☼☼ | ♦♦◇

科・属：ミカン科ゲッキツ属
別　名：ゲッキツ
原生地：沖縄、中国南部（A）
サイズ：H0.8 - 2m／H1.2m

細かな葉が密生する姿が美しい人気品種。春にはジャスミンのような甘い香りを放つ白い花を咲かせ、赤い実をつけることも。お日様が大好きなので定期的な日光浴を！

SOLSO FARM BOOK　95

Section 9　　　　　　　　　　　　　　　　More indoor greens

■ アートな葉っぱを集めたい！

> ### 01　カラテア
> ❄❄❄ ｜ ○○○ ｜ ♦♦♦
> 科・属：クズウコン科カラテア属
> 原生地：熱帯アメリカ（A）
>
> それぞれに美しい葉の複雑な模様は、まさに自然の神秘。強い日差しや乾燥により葉の色が悪くなることがあるので、直射日光と水切れに注意。こまめに葉水を。

カラテア'ロセオピクタ' ドッティー
Calathea dottie 'Roseopicta Redrose'

別　名：―
サイズ：H10 - 20cm／H35cm

カラテア・ランキフォリア
Calathea lancifolia

別　名：ヤバネシワヒメバショウ
サイズ：H30 - 40cm／H55cm

カラテア・ムサイカ
Calathea musaica

別　名：カラテア・モザイク
サイズ：H10 - 20cm／H45cm

カラテア・マコヤナ
Calathea makoyana

別　名：―
サイズ：H30 - 40cm／H65cm

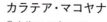

02 マランタ

❄❄❄ | ○○○ | ♦♦♦
科・属：クズウコン科マランタ属
原生地：ブラジル（A）

林の下のほうではうように自生し、夜になると葉が直立。その姿が神に祈りを捧げるように見えることから、祈りの植物（Prayer Plant）とも。こまめに葉水を。

マランタ・レウコネウラ・エリスロネウラ
Maranta leuconeura var. erythroneura

別　名：—
サイズ：H10 - 20cm／H30cm

マランタ・レウコネウラ・ケルコビアナ
Maranta leuconeura var. kerchoviana

別　名：モンヨウショウ
サイズ：H10 -20cm／H40cm

03 ベゴニア

科・属：シュウカイドウ科ベゴニア属

原種だけでも1400を超える種類があるベゴニアは、左右非対称の形、カラーと模様が独特な葉が最高に魅力的。強い日差しを嫌うため、管理は明るい日陰で。

レックス・ベゴニア
Begonia rex-cultorum

❄❄❄ | ○○○ | ♦♦♦
別　名：—
原生地：インド、ベトナム（A）
サイズ：H20 - 40cm／H45cm

ベゴニア・マクラータ
Begonia maclata

❄❄❄ | ○○○ | ♦♦♦
別　名：—
原生地：メキシコ（A）
サイズ：H30 - 40cm／H48cm

04
ルディシア・ディスカラー
Ludisia discolor

❄❄❄｜○○○｜💧💧💧

科・属：ラン科ルディシア属
別　名：ホンコンシュスラン
原生地：東南アジア〜中国南部（A）
サイズ：H10 - 20cm／W15cm

冬〜春に小さな白い花を咲かせるランの仲間。落ち葉に隠れるように広げる渋い葉と、葉に入る白筋がひかえめな美しさ。適度な湿度を好むため、水やりはこまめに。

05
ジュエルオーキッド
Macodes petola

❄❄❄｜○○○｜💧💧💧

科・属：ラン科マコデス属
別　名：—
原生地：東南アジア（A）
サイズ：H10 - 20cm／W15cm

ビロードのような質感の葉に光の反射でキラキラと光る網目模様が、自生地であるジャングルでも圧倒的に目を引く。適度な湿度を好むため、テラリウムでも楽しめる。

06
ストロマンテ・サンギネア'トリカラー'
Stromanthe sanguinea 'Tricolor'

❄❄❄｜○○○｜💧💧💧

科・属：クズウコン科ウラベニショウ（ストロマンテ）属
別　名：ストロマンテ・トリオスター
原生地：南米の熱帯（A）
サイズ：H30 - 40cm／H50cm

葉に茎、新芽の色まで、複数のカラーが見事に重なり合う姿が圧倒的な美しさを放ち、ひと鉢で空間を彩る花のような存在に。葉水をこまめに。

07
メディニラ・マグニフィカ
Medinilla magnifica

❄❄❄｜○○○｜💧💧💧

科・属：ノボタン科メディニラ属
別　名：サンゴノボタン
原生地：フィリピン（A）
サイズ：H40 - 60cm／H70cm

熱帯の女王とも呼ばれ、美しい小花を付ける優美な佇まいが魅力。適度な日差しと多湿を好むため、水やりは頻繁に行い、葉水も忘れずに。

More indoor greens　　Section 9

■ かわいい葉っぱ、繊細な葉っぱが好き！

```
01    アスパラガス
科・属：キジカクシ科アスパラガス属
原生地：南アフリカ（B）

フワフワした見た目が人気。明るい場所に
置き、春〜秋は屋外での管理でも◯。乾燥
しすぎると葉が黄色くなったり落ちたりす
ることも。こまめな葉水で湿度をキープ！
```

アスパラガス 'スプレンゲリー'
Asparagus densiflorus 'Sprengeri'

❄❄❄ ｜ ☼☼☼ ｜ 💧💧💧

別　名：—
サイズ：H20 - 60cm／H80cm

アスパラガス 'マイヤーズ'
Asparagus densiflorus 'Myers'

❄❄❄ ｜ ☼☼☼ ｜ 💧💧💧

別　名：アスパラガス・メリー
サイズ：H20 - 50cm／H80cm

アスパラガス・マコワニー
Asparagus macowanii

❄❄❄ ｜ ☼☼☼ ｜ 💧💧💧

別　名：アスパラガス・ミリオクラダス
サイズ：H20 - 40cm／H80cm

アスパラガス・ナナス
Asparagus plumosus var. nanus

❄❄❄ ｜ ☼☼☼ ｜ 💧💧💧

別　名：—
サイズ：H20 - 30cm／H80cm

SOLSO FARM BOOK

Section 9　　　　　　　　　　　　　　　　More indoor greens

02　ペペロミア

❋❋❋ | ○○○ | ♦♦♦
科・属：コショウ科ペペロミア（サダソウ）属
原生地：熱帯アメリカ（A）

豊富なバラエティと丈夫で育てやすい性質から、入門グリーンとして定番の人気者。明るい室内に置き、葉水で湿度をキープしてあげると、すくすく元気に育つ。

ペペロミア・プテオラータ
Peperomia puteolata

別　名：—
サイズ：H20cm／H40cm

ペペロミア'フォレット'
Peperomia 'Follett'

別　名：—
サイズ：H20cm／H30cm

ペペロミア・クルシフォリア
ペペロミア・ロツンディフォーリア
ペペロミア・アルギレイア
ペペロミア'ホープ'

ペペロミア'ジェイド'
Peperomia obtusifolia 'Jade'

別　名：—
サイズ：H20 - 30cm／H50cm

More indoor greens — Section 9

ペペロミア・
オブッシフォリア
Peperomia obtusifolia

別　名：―
サイズ：H20 - 30cm／H20cm

ペペロミア・
アングラータ
Peperomia anglata

別　名：―
サイズ：H20 - 30cm／H50cm

03
ピレア・ペペロミオイデス
Pilea peperomioides

❄❄❄ ｜ ☼☼☼ ｜ ♦♦♦
科・属：イラクサ科ピレア（ミズ）属
別　名：―
原生地：西インド諸島（A）
サイズ：H20cm／H20cm

まん丸の葉が放射状につく姿がインパクト大の、海外でも人気の品種。日光不足になると葉を落とすため、置き場所には注意を！

04
グリーンドラム
Xerosicyos danguyi

❄❄❄ ｜ ☼☼☼ ｜ ♦♦♦
科・属：ウリ科クセロシキオス属
別　名：ミドリノタイコ、クセロシキオス
原生地：マダガスカル島（B）
サイズ：H20 - 30cm／H35cm

コインのような葉が特徴。ほかの植物などにツルを巻きつけゆっくりと成長する。多肉質の葉に水をたくわえるため、乾燥には強め。

SOLSO FARM BOOK　101

Section 9　More indoor greens

05　ホヤ

❄❄❄｜☼☼☼｜💧💧💧

科・属：ガガイモ（キョウチクトウ）科
　　　　ホヤ（サクララン）属

樹木や岩に根を張り、長いツルを垂らして生息する着生植物。ツルの先に咲く蝋細工のような花から、英名は wax plant とも。年間を通して風通しのいい明るい室内に置き、寒さと湿度には弱いのでご注意を。

ホヤ・クミンギアナ
Hoya cumingiana

別　名：—
原生地：マレーシア（A）
サイズ：H20cm／H30cm

ホヤ・カルノーサ
'バリエガータ'
Hoya carnosa 'Variegata'

別　名：フイリサクララン
原生地：日本南部、中国〜オーストラリア（A）
サイズ：H20cm／H50cm

06　バニラ

Vanilla planifolia

❄❄❄｜☼☼☼｜💧💧💧

科・属：ラン科バニラ属
別　名：—
原生地：メキシコ南部、西インド諸島（A）
サイズ：H20cm／H30cm

肉厚でツヤツヤの葉が気品に満ちた着生ランの仲間。あのバニラの原料となる植物。高温多湿を好むため、葉水もたっぷりと！

More indoor greens　Section 9

07
グリーンネックレス
Senecio rowleyanus

❄❄❄ ｜ ○○○ ｜ ●●●
科・属：キク科セネキオ属
別　名：ミドリノスズ
原生地：南西アフリカ（B）
サイズ：H10 - 20cm／H30cm

まるでグリーンの玉が連なる真珠のよう。
生育も旺盛なため、水やりのコツさえつか
めば、こんもりと美しい姿に育つ。

08
コーヒーノキ
Coffea arabica

❄❄❄ ｜ ○○○ ｜ ●●●
科・属：アカネ科コーヒーノキ属
別　名：—
原生地：エチオピア（A）
サイズ：H20cm／H50cm

コーヒーの実を収穫するのは難し
いけれど、ツヤツヤの葉っぱがイ
ンドアグリーンとしても人気。明
るい場所で、葉水をたっぷりめに！

09
ディスキディア・
カンガルーポケット
Dischidia pectinoides

❄❄❄ ｜ ○○○ ｜ ●●●
科・属：カガイモ科ディスキディア属
別　名：—
原生地：東南アジア〜オーストラリア（A）
サイズ：H10 - 20cm／H30cm

樹木や岩に根を張る着生植物。通年明るい
場所で、乾燥気味に管理。赤い花や、ふくら
んだ貯水嚢など個性的な見た目も愛らしい。

10
ソフォラ'リトルベイビー'
Sophora prostrata 'Little Baby'

❄❄❄ ｜ ○○○ ｜ ●●●
科・属：マメ科ソフォラ属
別　名：メルヘンの木
原生地：ニュージーランド
サイズ：H30 - 60cm／H1m

ジグザグした細枝に小さな丸葉が愛らしいマ
メ科の木。日照や水が足りないと葉をパラパ
ラと落とすため、たっぷりの葉水も忘れずに。

ハンギングを楽しみたい！

ホヤ・リネアリス
Hoya linearis

別　名：―
原生地：東南アジア（A）
サイズ：H0.8 - 1m／H1.3m

垂れ下がるシルエットが見事。
風に揺れる姿を楽しみたい。

ホヤ・アンダレンシス
Hoya andalensis

別　名：―
原生地：東南アジア（A）
サイズ：H40 - 60cm／H85cm

誰からも愛される、ツヤ感の
ある丸葉が愛らしい。

01　ホヤ

❄❄❄ | ○○○ | ♦♦♦

科・属：ガガイモ（キョウチクトウ）
　　　　科ホヤ（サクララン）属

P.102でも紹介したホヤは、ツルを伸ばして
成長する性質から、ハンギングにもぴったり！
吊るす以外にもツルの長さに合わせた高さ
のスタンドに置くなど、置き場所や好みに合
わせてディスプレイができることも大きな魅力。

ホヤ'サンライズ'
Hoya 'Sunrise'

別　名：―
原生地：東南アジア（A）
サイズ：H30 - 40cm／H50cm

渋く絶妙なカラーが、
しっとりした雰囲気。

More indoor greens　　　Section 9

ホヤ・オーストラリス
Hoya australis

別　名：—
原生地：オーストラリア（A）
サイズ：H30 - 40cm／H1m

ツヤツヤした丸い葉が魅力。その名の通りオーストラリア生まれ。

ホヤ・カルノーサ
'コンパクタ'
Hoya carnosa 'Compacta'

別　名：—
原生地：中国南部、オーストラリア（A）
サイズ：H30 - 60cm／H1.2m

びっしりと連なる、うねるような形の葉が個性的。

ホヤ・
デビットクミンギー
Hoya davidcumingii

別　名：—
原生地：東南アジア（A）
サイズ：H40 - 60cm／H70cm

濃緑の細葉が密集する姿が、シンプルな空間に映える。

SOLSO FARM BOOK　105

Section 9　　　　　　　　　　　More indoor greens

02　リプサリス

科・属：サボテン科リプサリス属

熱帯のジャングルに自生するサボテン
の仲間。細い茎を分岐させていくシルエッ
トは、じつに複雑で個性的。直射日光を
避けた明るい室内で育て、湿度を与え
るため水やり＋葉っぱ全体に霧吹きを。

リプサリス・エワルディアナ
Rhipsalis ewaldiana

❄❄❄｜✿✿✿｜💧💧💧

別　名：―
原生地：南米（F）
サイズ：H30 - 50cm／H60cm

少し角ばった茎を上に向けて伸ばすタイプ。

リプサリス・ホルビアーナ
Rhipsalis holviana

❄❄❄｜✿✿✿｜💧💧💧

別　名：イトアシ（糸葦）
原生地：北米南部（C）
サイズ：H50 - 80cm／H80cm

細く長い茎を垂れ下げる姿は、どこか静寂な雰囲気。

リプサリス・ケレウスクラ
Rhipsalis cereuscula

❄❄❄｜✿✿✿｜💧💧💧

別　名：アオヤギ（青柳）
原生地：南米（F）
サイズ：H20 - 40cm／H25cm

プクプクした筒状の茎が、細胞分裂のよう。

106　SOLSO FARM BOOK

More indoor greens　　　　Section 9

リプサリス・ラムローサ
Rhipsalis ramulosa

❋❋❋ ｜ ○○○ ｜ ♦♦♦

別　　名：—
原生地：メキシコ、南米北部（A）
サイズ：H30 - 40cm ／ H45cm

平たい茎の両縁に白い花を咲かせる。

リプサリス・カスッサ
Rhipsalis cassutha

❋❋❋ ｜ ○○○ ｜ ♦♦♦

別　　名：アマノカワ
原生地：熱帯アメリカ、熱帯アフリカ（A）
サイズ：H30 - 40cm ／ H40cm

手ざわりも見た目もやわらかな人気品種。

03
ディスキディア・ヌンムラリア
Dischidia nummularia

❋❋❋ ｜ ○○○ ｜ ♦♦♦

科・属：ガガイモ科ディスキディア属
別　　名：—
原生地：東南アジア、オーストラリア（A）
サイズ：H40 - 60cm ／ H1.2m

丸く肉厚の葉がびっしり、風に揺れる姿が美しい人気者。明るい室内で管理し、水やりはひかえめに。直射日光と寒さに弱いのでご注意を。

SOLSO FARM BOOK　107

Section 9   More indoor greens

04 エスキナンサス

❋❋❋｜◇◇◇｜◆◆◆

科・属：イワタバコ科エスキナンサス属
原生地：東南アジア（A）

熱帯雨林の樹木や岩肌に根を張り生息す
る着生植物。多肉質の性質から乾燥にも比
較的強く、室内でも育てやすい。個性豊かで、
濃いグリーンの葉色に鮮やかな花を咲かせ
る姿には、エキゾチックな魅力がたっぷり。

エスキナンサス 'タイピンク'

Aeschynanthus 'Thai Pink'

別　名：―
サイズ：H30 -40cm／H50cm

多肉質のツヤツヤした
丸葉をびっしり連ねる。

エスキナンサス 'マルモラタス'

Aeschynanthus 'Marmoratus'

別　名：―
サイズ：H40 - 50cm／H60cm

葉の表と裏のカラーが違う美しい
品種。霧吹きをたっぷりと。

エスキナンサス 'ラスタ'

Aeschynanthus 'Rasta'

別　名：―
サイズ：H40 - 60cm／H60cm

カールした肉厚の葉と赤い
花がエキゾチック。

108　SOLSO FARM BOOK

05
フィッシュボーンカクタス
Cryptocereus anthonyanus

❄❄❄ ｜ ☼☼☼ ｜ ♦♦♦

科・属：サボテン科エピフィルム属
別　名：ジグザグカクタス
原生地：メキシコ（A）
サイズ：H20 - 50cm／H50cm

サボテンの仲間ながら、魚の骨のようなみずみずしい葉が独特。成長期には赤い新芽をグングン伸ばす。直射日光を避け明るい室内で管理し、水やりはひかえめに。

06
ヒロセレウス・ウンダーツス
Hylocereus undatus

❄❄❄ ｜ ☼☼☼ ｜ ♦♦♦

科・属：サボテン科ヒモサボテン（ヒロセレウス）属
別　名：ホワイトピタヤ
原生地：メキシコ（A）
サイズ：H20 - 30cm／H50cm

ドラゴンフルーツの一種で、果肉の白い実がなるタイプ。明るい場所に置き、水やりは乾いてからたっぷりと。

07
シッサス・ロンビフォリア
Cissus rhombifolia

❄❄❄ ｜ ☼☼☼ ｜ ♦♦♦

科・属：ブドウ科セイシカズラ（シッサス）属
別　名：グレープアイビー
原生地：東南アジア（A）
サイズ：H30 - 40cm／H50cm

ブドウ科特有の光沢がある葉が美しく、成長も旺盛。風通しのいい場所に置き、霧吹きも忘れずに。美しく管理も楽なため、葉の切れ込みが多いエレンダニカとともに人気。

08
ミニドラゴンフルーツ
Epiphyllum phyllanthus

❄❄❄ ｜ ☼☼☼ ｜ ♦♦♦

科・属：サボテン科エピフィルム属
別　名：石化月下美人
原生地：熱帯アメリカ（A）
サイズ：H40 - 50cm／H60cm

うねった平たい葉の個性的なシルエットに加え、ピンク色のエキゾチックな花と実が楽しめる。1年中明るい室内に置き、寒さには弱いので注意を。実を楽しみたいなら肥料も忘れずに。

Section 9　　　　　　　　　　　　　　　　　More indoor greens

■ 不思議な造形を堪能したい！

01　ネペンテス

❄❄❄ | ☼☼☼ | ♦♦♦

科・属：ウツボカズラ科ネペンテス属
原生地：東南アジア（A）

原生地は濃霧におおわれた高地。栄養が少ない場所ゆえに、虫からの養分で成長するように進化したとも言われるネペンテス。湿度を好むため、テラリウム仕立てにし、ガラス越しに美しさを観察するのもおすすめ。

ネペンテス
'レディラック'
Nepenthes 'Lady Luck'

別　名：―
サイズ：H30 - 50cm／H50cm

ネペンテス・
フーケリアナ
Nepenthes hookeriana

別　名：ウツボカズラ
サイズ：H20cm／H20cm

02　ペディランサス
Pedilanthus tithymaloides

❄❄❄ | ☼☼☼ | ♦♦♦

科・属：トウダイグサ科ペディランサス属
別　名：ダイギンリュウ（大銀龍）、リボンカクタス
原生地：熱帯アメリカ（A）
サイズ：H30 - 60cm／H55cm

ジグザグの茎から葉っぱを出す姿を、リボンカクタスとも。秋から冬にかけて、ピンクに紅葉する。日照が乏しいと徒長するので年間を通して明るい場所に置き、水やりはひかえめに。

110　SOLSO FARM BOOK

More indoor greens　　　　　　　　　　　　　　　　　　Section 9

03
クロトン 飛び葉
Codiaeum variegatum var. pictum f. appendiculatum

❄❄❄ | ○○○ | ♦♦♦

科・属：トウダイグサ科クロトン属
別　名：—
原生地：マレー半島、オセアニア（A）
サイズ：H30 - 50cm／H1.2m

突然変異の多いクロトンの中でも妖艶な雰囲気の飛び葉は、葉の先端から伸びた葉がフワフワと浮かぶ姿がユニーク。光に当たるほど色鮮やかになるが、急な直射日光には注意。

04
ミルクブッシュ
Euphorbia tirucalli

❄❄❄ | ○○○ | ♦♦♦

科・属：トウダイグサ科ユーフォルビア属
別　名：ミドリサンゴ、アオサンゴ
原生地：東アフリカ（B）
サイズ：H0.3 - 1m／H1.7m

独特のシルエットや、乾燥にも強く育てやすいことから人気。多肉の仲間のため、とくに明るい場所に置き、水はひかえめにすることで、キュッと締まったバランスのいい株に成長する。

ランの神秘にふれたい！

01
セイデンファデニア・ミトラタ
Seidenfadenia mitrata

❄❄❄ | ☼☼☼ | ♦♦♦

科・属：ラン科セイデンファデニア属
別　名：―
原生地：東南アジア（A）
サイズ：H50 - 80cm ／ H1m

多肉質の葉と白い根が垂れ下がる姿が美しい着生ラン。その姿からは想像できないかわいいピンクの花を咲かせる。年間を通じて明るい場所に置き、日々の霧吹きに加え、ときどき株全体にたっぷりと水やりを。

02
クモラン
Taeniophyllum glandulosum Blume

❄❄❄ | ☼☼☼ | ♦♦♦

科・属：ラン科クモラン属
別　名：―
原生地：東南アジア、オセアニア（A）
サイズ：H10 - 20cm ／ H20cm

放射状に根を広げたクモのような姿のマニアックな個性派着生ラン。葉っぱがなく、根だけで光合成をして成長する。根よりもさらに目立たない小さな花をつける。その奥ゆかしさも魅力。

03
コチョウラン・パプリカ
Phalaenopsis paprika

❄❄❄ | ☼☼☼ | ♦♦♦

科・属：ラン科コチョウラン属
別　名：―
原生地：メキシコ南部、西インド諸島（A）
サイズ：H30 - 60cm ／ H40cm

コチョウランの仲間で、エキゾチックな葉や美しいシルエットも観察ポイント。淡いオレンジ色の花を咲かせる。年間を通して明るい場所に置き、根が干からびないよう乾燥に注意して。

マニア心をくすぐるランの世界

ランというと、コチョウランをはじめとする「贈答用の豪華な花」のイメージだが、もともとは熱帯原産の着生植物（地面に根を下ろす地生種もある）。野生種だけでもその種類は数万におよぶとされ、水分や養分をたくわえる"バルブ"を持っていたり、着生したり自分の体を支えるために太い根をどんどん伸ばして成長したりと、それぞれの種が原生地に適応する中で生まれた独特な姿が愛好家をひきつけてやまない植物でもある。ラン栽培のマニアックな世界、のぞいてみませんか？

SOLSO'S VOICE
SOLSOスタッフに聞きました！

おすすめインドアグリーンランキング！

インドアグリーンデビューを考えているお客さまから「おすすめはどれですか？」と尋ねられたときに挙げている植物をリサーチしてみたら、スタッフ一同納得の結果に。もしも植物選びで迷っていたら、ぜひ参考に！

Best 1　サンスベリア

堂々の第1位は、乾燥や日陰に強く、丈夫さ＆育てやすさナンバーワンの呼び声高きサンスベリア！ 同じサンスベリアでも葉には棒状と剣状があったり、模様も多種多様だったりと選択の幅が広いことも魅力だ。「無敵だから!!」「強いので！」「管理が楽なわりに気がつくと成長しているので面白い」など、丈夫さを理由に挙げる声多数。

葉の質感や模様のバリエーションの豊富さでも人気のサンスベリア。

テーブルサイズのヒメモンステラから大型のモンステラ・デリシオーサまで、大きさのバリエーションも豊富。

Best 2　気に入ったもの

第2位となったのは、じつは植物の種類ではなく「その人が気に入ったもの」だった。これは「植物と上手につき合うには、その人が気に入った植物を選ぶのがイチバン！」だと多くのスタッフが考えているゆえ。植物の元気を保つ秘訣は管理の技術より"愛"なのだ！

Best 3　モンステラ

切れ込みのある大きな葉がスタイリッシュに空間を演出してくれるモンステラは、じつは丈夫さもピカイチ。その耐陰性、耐乾燥性の高さを武器にランク入りした。「はじめて育てて失敗して、植物に苦手意識を持ってほしくないので」というおすすめ理由を挙げたスタッフも。

パキラ（右）とポトス（下）はどちらもインドアグリーンの大定番。

Best 4　パキラ／ポトス

第4位は、同票でパキラとポトスがランクイン。パキラは樹木系、ポトスは葉もの系で、インドアグリーンの大定番と言える存在だが、それも観賞的な楽しさと管理のしやすさあってのこと。さらにパキラには「観葉植物にしては成長スピードが速く育てている実感がわく」という意見も。

STEP
3

もっと楽しむ！
インドアグリーンライフ

It's your turn.
Let's enjoy
your GREEN life!

リビングの先にあるサンルームは、ニッシーの作業場。ここでステンドグラス製作を行うのだそう。

SOLSO & GREEN at Home

\\ 大公開！ //

SOLSOスタッフの インドアグリーンライフ

植物大好きなSOLSOのスタッフたちは、プライベートでもそれぞれの
ライフスタイルや好みに合わせてグリーンライフを満喫している。
なかでも「あそこはスゴイ」と噂（笑）の7名の自宅を大公開！

CASE —— 01

"つくる人"と植物の暮らし

家主はコチラ

西崎幹祥
Nishizaki Masayoshi

通称ニッシー。高校卒業後、ロンドンの美術大学へ留学し、アンティーク家具修復やステンドグラスの工房を経てSOLSOへ。現在はリース植物の管理やメンテナンスを担当している。

壁際に飾られているのは、ニッシー作のステンドグラス。

現在も、自宅に作った作業場で趣味的にステンドグラスの製作を続けているニッシー。彼が植物を仕事にしたきっかけは、妻でデザイナーの紗璃さんが、緑色が好きで作品に植物モチーフを使うことも多いニッシーを「作品づくりのヒントになれば」とSOLSO FARMへ連れて行ってくれたことだったという。そこで「こんなに植物をカッコよく見せられるのか！」と感動し、入社。以来、勉強のためにリース先で弱ってしまった植物を持ち帰るなどしているうち、着々と自宅の植物が増えてきた（たとえば上の写真の左端にチラリと見えるビカクシダは、株分けした小さな状態からここまで育てたのだそう！）。
デザインにこだわりのある夫妻の家は、造りに特徴のあるビンテージマンション。アンティークの雑貨や家具、ニッシーの作品がちりばめられた部屋では、そここに植物がレイアウトされている。ラックに吊られた原種ランの一種、バンダをはじめ、個性的な造形のものが多いところに、ものの形へのこだわりがうかがえる。"つくる人"ならではの暮らしの風景だ。

PICK UP！

1

アンティーク＆植物＆ステンドグラス

インダストリアルな雰囲気のアンティークスチールチェストの上に、植物とステンドグラスのランプ。好きなものを組み合わせたときに生まれる景色をさまざまに楽しんでいる。

2

インテリアに合わせた植物の"色"遊び

植物はインテリアに合わせてダークな色味を選ぶことが多いそう。ちなみに後ろにあるのはステンドグラス材料の板ガラス。ニッシーは植物もガラスも"斑入り"が好きなのだとか。

CASE ── 02
マンションに "プチジャングル"を！

入口までは、ごく普通のマンション。ところが玄関を抜けると、そこはブラキキトン、ツピダンサス、シェフレラなど樹木系のインドアグリーンが伸び伸びと枝を広げ、葉を茂らせた、まるで小さなジャングルのような空間！
ヤギーがこの部屋に住みはじめたのは、2か月ほど前。婚約中の咲桜里さんと暮らす新居を探していたところ、ひと続きのリビングと寝室の西側がほぼ窓で、日当たりも風通しもよいこの物件に出合い、植物にもよい環境が気に入って入居を決めたのだそう。それがいまや、植物という自然とナチュラルテイストのインテリア、プリミティブな雑貨などがギュッと凝縮された、にぎやかで楽しく、しかし不思議と圧迫感のない心地よい空間に変貌している。

枝ぶりのよい大きな木や濃い緑色が好きで、グリーンがおおいかぶさってくるような空間で暮らしたいとあえてインドアにも背の高い木を取り入れているというヤギーだが、じつは管理の勉強も兼ねてのこと。
「たとえばリース先の木は1週間から2週間に一度しか面倒が見られませんが、自宅に置けば毎日観察することになるので、日当たりや水やりをどう管理すればよい状態を保てるのかの試行錯誤を経験できるんです」
そんなヤギーから、背の高い木と暮らしたい人へのアドバイスを。
「細い枝の木がオススメです。圧迫感が少なく、見た目ほど重くなく、枝をしならせれば家の中への搬入もしやすいので」とのこと。お部屋に木、いかがでしょう？

リビングはアニマル度高め。テレビ台の右にツピダンサ、左にシェフレラと、天井に届きそうな木がインテリアの主役となっている。

PICK UP !

1
鉢カバーには軽さもうれしい自然素材を使用

籐や竹などの自然素材は、やわらかな色味や素材がインテリアになじみやすく、たくさんあっても圧迫感がない。軽いため移動がラクで、床を傷つけにくいメリットも。

2
長い木の枝をディスプレイにもフル活用！

背の高い木の枝にグリーンを吊るせば、さらにジャングル感アップ。ただし木と吊るす鉢両方の健康を保つため、吊るす鉢の重さと通風の確保には注意して。

3
大鉢の土の上にマルチではなくエアプランツを

土を必要としないエアプランツ（チランジア）は、オブジェのように楽しめる便利な存在。大ぶりなひと株を大鉢の根本にポンと置けば、マルチング代わりに。

家主はコチラ

柳沼健太
Yaginuma Kenta

通称ヤギー。建築系の大学で造園の授業を受けたことがきっかけで庭づくりや植物に興味を抱き、卒業後、SOLSOへ入社。現在は屋外の植栽の施工やメンテナンスを担当している。

寝室の壁面。グリーンは窓側に置いた大きなブラキキトンの木を主役に、天井からはビカクシダ、壁にはちょっとマニアックな着生ラン。マクラメタペストリーとのバランスも絶妙。

SOLSO FARM BOOK 119

CASE —— 03

アートと植物を楽しむ暮らし

家主はコチラ

関川洋平
Sekikawa Yohei

通称チェッキー。高知で造園業を営む家で育ち、上京後、昔ながらの植木屋さんでの勤務を経てSOLSOへ。現在は屋外の植栽の施工・管理を担当している。

PICK UP!

1

植物も
アートな目線で
個性派をセレクト

自宅用には、つい色や形や模様、全体のフォルムなど、個性の強い植物を選んでしまうというチェッキー。その結果、植物とアートが響き合う空間が生まれているようだ。

2

テーブルの
上にも
植物とアートを

テーブルのセンターに置かれていたのは、ふたりが好きなガラス作家の作品と、根元のバルブ（偽球茎（ぎきゅうけい））がユニークなセロジネ（着生ラン）。お気に入りを集めて楽しんでいるそう。

3

ユニークな
色も活かして
コーディネート

植物とアートを組み合わせるときは、色も意識しているそう。たとえばドラセナ '紅光' のワインレッドの葉のそばには、グレーの絵。葉の色や模様で遊べるのも、観葉植物の面白さだ。

眺望がよく、遠くには観覧車も見えるマンションに住むチェッキー。彼は趣味ながら、ギターを奏でて曲を自作するほどの音楽好き。そして奥さまの恵（けい）さんは、美容系や広告系を中心に活躍するプロのイラストレーター。そんなアーティスティックな夫婦が暮らす家は、やはり個性的だ。

2LDKの間取りのうち、2部屋はそれぞれ恵さんのアトリエと、チェッキーのギターコレクションや機材が詰まった音楽部屋に。そしてふたりが一緒に過ごすリビングルームは、アートと植物が共存し、響き合うセンスあふれる空間に仕上がっていた。

イギリスの老舗家具メーカー、アーコールのドロップリーフテーブルを中心に、床にはキリムのラグとクッション、シェルフにはたくさんのアートブックと植物、そしてアート作品。東南向きの窓には「気持ちいいから」とあえてカーテンをつけず、代わりに個性的な植物たちを配置。並べられている植物たちも、巨大なチランジアのクランプ（いくつもの子株がひとかたまりに群生したもの）、まるで描いたような羽根模様の葉をもつカラテア・マコヤナ、ギザギザの大きな葉を伸び伸びと広げるシダの仲間、フレボディウムなど、独特なセレクトだ。

そのときどきの気分や季節に合わせて、アート作品や本、植物を入れ替えていろいろなコーディネートを楽しんでいるというふたり。そんな変化に富んだ暮らしから、新たなクリエイションが生まれるのかもしれない。

左ページ／リビングルームはふたりですごす場所だからくつろげる空間にしたいと考えた結果、現在のインテリアができあがったのだそう。　左上／シェルフの上には、もちろん恵さんの作品も。　下／ちょっとしたリラックススペースにも、小さなランの鉢植えを。

SOLSO FARM BOOK　121

CASE —— 04

ランの奇態を毎日愛でる

物件を見るのが大好きで、探しに探してこの家に出合ったというカズさん。高台にあって目の前に建物がなく、南向きの窓から一日中光が入る環境、そして古いマンションをリノベーションしてつくられた"ヘンな感じ"が気に入って即入居を決めたそう。そんな個性的な家でのカズさんの暮らしは、ザ・シンプル。家具は最小限、本当は大好きな雑貨も「ひとつ足したらひとつ引く」をルールに極力ものを置かない・増やさない暮らしを心がけているという。

その一方で、圧巻なのが元は天袋だった棚に吊るされたさまざまな形のランたち。ランというとコチョウランに代表される豪華壮麗な鉢植えをイメージするが、じつはとても種類が多く、花はもとより葉や茎、根の様子まで多種多様な姿を楽しめる愛好家の多い植物でもある。カズさんのラン好きはSOLSOでも周知の事実だが、実際に目の当たりにすると「さすが!」のひと言。多くは原種系の着生タイプが、秀逸なバランスでディスプレイされている。

ランを吊るす場所に困らないこともこの家を選んだ大きな理由だったというのは納得だ。とはいえ、こんなにたくさんあると世話が大変なのでは?

「毎日できればベストですが、私はムリなので週に1回ベランダでバケツの水につけて、水をあげるくらい。それでも枯れないし、その管理で生まれる形も面白いのでよしとしています」

植物との暮らしも、ムリなくシンプルに。カズさんらしい向き合い方だ。

家主はコチラ

諸岡和恵
Morooka Kazue

通称カズさん。店舗設計・施工を手がける会社や家具店を経てSOLSOへ。現在はSOLSO FARMのマネージャーを務めるほか、庭の施工にも携わっている。無類のラン好き。

左/洗面台にもさりげなくランの鉢が。「ミニマムなディスプレイ」をテーマに、過剰にならないよう配慮しつつ、場所ごとに適した植物を選んで配置しているのだそう。
右/バスルームの天井には、苔玉仕立てのビカクシダ。湿気を好むビカクシダには、じつはバスルームの環境がぴったりなのだとか。

ぶち抜きにより生まれたワイドな空間にローボードが配置され、より広々とした印象。大きなカシワバゴムやヤシもあるが、窓辺に集められているため圧迫感がない。ちなみにヤシは高校生のときに初めて自分で買った観葉植物で、当初は手のひらに乗るサイズだったのだとか。

PICK UP!

ユニークな造形を際立たせて楽しむ

茎や葉の造形がとくに面白い品種は、意識して背景がシンプルな場所に。並べる株を厳選しゆったり配置するのも、個々の形を際立てるディスプレイの秘訣といえそう。

窓辺の特等席は一極集中コーナーに

室内の植物は「置けるなら明るいところに置くのが一番！」と力説するカズさんらしく、南向きの窓辺には植物を集中配置。場所によりボリュームを変えると部屋全体のバランスも整う。

落ちた花を毎年少しずつドライに

ドライプランツのオブジェかと思いきや、咲き終えたランの花。忍びなくて捨てられず、ためているのだそう。ビンに植物とすごした時間が折り重なっていく、素敵なアイデア！

壁のくぼみだってすかさず有効活用！

リノベーションであえて残されていた壁のくぼみには、日陰に強いツル性植物を。部屋の個性を活かしてどう植物を組み合わせるかを考えるのも、この部屋で暮らす楽しみなのだそう。

SOLSO FARM BOOK　123

CASE —— 05

偏愛的植物マニアの部屋

家主はコチラ

清水葉峰
Shimizu Yoho

通称よーほー。子どもの頃から動物や植物が好きで、大学で環境学を学んだ後、SOLSOへ入社。現在は屋外の庭園や植栽の施工・管理を担当している。

よーほーの自室に置かれたカウンターデスク。ここで作業をしたり、植物を眺めたりするのが至福の時間なのだそう。

小学校低学年のとき、家族で行った植物園で多肉植物のクロホウシを買ってもらい、高校〜大学時代にはサンスベリアやモンステラを手に入れ、着生ランのビカクシダを集めはじめたというよーほーは、筋金入りの植物マニア。おもにコレクションしているのは多肉植物や塊根植物、着生ランといったビザールプランツ（珍奇植物）。彼が暮らす実家の自室を見せてもらうと、そこは好きなものに満たされたマニアならではの空間だった。壁にはビカクシダ。株分けや植え替え作業をすることもあるというカウンターデスクの上には、道具類や化粧土がいつでも使えるように準備され、そのまわりには丹精込めて育てられていることがわかる姿のよい多肉植物や塊根植物たち。

感心していると、「こちらもぜひ見てください」と案内されたのは、大きな天窓からさんさんと日差しが降り注ぐリビングルーム。壁にはよーほーの部屋に入りきらないビカクシダが3株も。さらにすごかったのは、天窓の下につくられたロフトのようなスペースだ。そこはまるでよーほー専用の温室。大小合わせて50鉢以上はありそうだが、毎日朝か夜に必ず状態をチェックしているという。

これだけの数を集めるには、資金も相当に必要だったのではと尋ねてみると、値段の安い若い株を購入して育てたものがほとんどだというから驚く。知識と経験あればこそのマニアックグリーンライフなのだった。

左上／デスクの上には、株分け途中の植物も。左端に写っているのは「アリノスダマ（ヒドノフィツム）」という着生植物で、原生地では根元の塊茎（偽鱗茎）の中にアリを住まわせ、アリのフンや食べ残したエサ、死骸などを養分にして共生する。マニアならではのセレクトだ。　右上／温室と化したリビングルームのロフトスペース。日当たりのよいデッドスペースに植物を置かずに何を置く、とばかりにすかさず確保したという。　右下／ロフトスペースで存在感を放っていた、アガベの大株。

PICK UP!

1
3年がかりで仕立てた自慢のハオルチア

直径5cmに満たないサイズでありながら、仏像の螺髪のように凝集したつぶつぶが愛らしいハオルチアは3年がかりで育て上げた自信作。葉先の窓の透明感とフォルムにこだわった。

2
着生植物用の流木は自分で調達

「着生する植物はなるべくナチュラルな雰囲気に仕立てたい」というよーほーが愛用しているのが流木。海に遊びに行ったときに拾い集めてストックしているのだそう。

3
小さな鉢植えは育苗箱にまとめて管理

とにかくいろんな植物を育てたい、という人におすすめなのが、小さな鉢を育苗箱にまとめて管理する方法。置き場所さえ確保できれば、乱雑にならず、移動も楽になる。

CASE —— 06
"変わった部屋"を遊びつくす

家主はコチラ

澤田吏里
Sawada Satori

生花店の運営や造園を手がける会社を経て、SOLSOへ。店頭での接客の経験を活かし、SOLSO HOME Futakoのオープン当初からマネージャーを務めている。

メインの部屋に置いているのは、机と椅子のみ。天井から下がるモビールは、デンマークのモビールメーカー「フレンステッドモビール」のもの。この家に合わせて選んだのだそう。

> **PICK UP!**

ハンギングは
ムリなく
手の届く範囲に!

植物を枯らさないコツのひとつとして「自分の手の届く範囲に置くこと」を挙げる澤田さん。ハンギングもマクラメを利用するなどして、植物自体は手の届く位置に設置しているそう。

床の代わりに
壁面を使って
スッキリ飾る

床にものを置かない代わりに、壁面を活用。薄いラックを取り付けて、小さな鉢をディスプレイしたり、フックをかけて植物をハンギングしたりと楽しんでいる。

使いきれない
食器は
鉢カバーに転用

好きな作家さんのやきものを購入するものの、ひとり暮らしでは出番が少ないからと鉢カバーに転用。インドアグリーンならではの楽しみ方といえそう。

左上／澤田さんが書斎兼寝室にしているロフトにも窓、そして植物。東向きの窓からは朝日が差し込み、ブラインドを下げないと日の出とともに目覚めてしまうそう。　左下／キッチンのラックの上には、コッパーの鉢カバーに収められたランコレクションが。キッチンも片側の壁がほぼ窓でとても明るい。

細い階段を3階まで昇り、ドアを開けると、まずは明るさにびっくり。6畳ほどのワンルームなのに、天井がとても高く、壁は窓だらけ──澤田さんの家は、じつに遊び心いっぱいで個性的。楽しい反面、住みこなすのはなかなか難しそうだが、暮らしはシンプルに、大好きな空間づくりを楽しみたいという澤田さんのライフスタイルにはぴったりだったようだ。
「新たな植物が加わったときには、光量や風通しなどの環境に適応できるかどうかを確認するため、まず実験的に場所を変えてベストポジションを見つけています」という調整を経て完成したのが、現在のレイアウト。床には極力ものを置かず、背の高い植物はカウンターの上に置いて空間の高さを強調。さらに高い位置に突っ張り棒を取り付け、ハンギンググリーンをディスプレイ。それらが軽やかにゆらめくモビールとともに、視線を上へといざない、開放感とやすらぎを与えてくれる。
「素朴で丈夫なものが多く、管理が楽で見た目も好き」という理由で原種系の植物が好きだという澤田さん。基本的に、自宅に手のかかるものは置かないと決めている。
「技術的にはちゃんとした管理もできますが、プライベートではしたくないので、ちゃんとしなくてもたくましく生きていける植物が好き。お客さまにも"楽してください"といつもお伝えしています」
それでもここまで植物との暮らしは満喫できるのだ。

SOLSO FARM BOOK　127

CASE —— 07

子どもと楽しむ植物のある生活

家主はコチラ

増田晃
Masuda Akira

SOLSO立ち上げの翌年に合流。法人の植栽や庭のプランニング・施工を中心に、展示会などのディスプレイも手がける。抜群のセンスのよさでSOLSOを牽引する人のひとり。

PICK UP!

1

子どもたちにも"育てる"楽しみを

窓辺のポトスの鉢とヒヤシンスの球根は、子どもたちに"育てる"楽しみを教えたいと、増田さんがひとりにひとつずつプレゼントしたもの。失敗の少ない植物をセレクトしたそう。

2

ミドルサイズの植物をローボードに配置

小さめの植物に加えて、高さ1m前後のミドルサイズの植物もローボードの上に。高低差やシルエットのバランスに配慮しながら並べると、目に楽しく、掃除も楽になるそう。

4歳の男の子と2歳の女の子のパパで、子どもたちが大きくなる前にと1年ほど前にいまの家を購入した増田さん。立地や生活環境などを優先して決めたため日当たりはよくないけれど、環境に合わせて植物のある暮らしを楽しんでいるという。
「置き場所の環境に加えて、週イチくらいしかメンテナンスをしたくないので、もちがよく、手がかからないことが大前提。その中で見た目が好きな植物を選んでいます。基本的に、無理をしてまで植物を置きたくないと思っているので、普段からお客さまにも生活のリズムやスタイルに合わせた植物選びを勧めているんです。それを自分の家で実践している感じです」
あらためて家の中を見回してみて、カシワバゴムやサンスベリア、サトイモ系など「強くて定番の植物」が好きなのだと気づいたという増田さんだが、完成した空間は、定番でも樹形にこだわって選んだりディスプレイを工夫したりすれば、スタイリッシュな空間づくりができるというお手本のよう。インテリアや建築、ファッションが大好きな増田さんならではの家だ。
とはいえ、小さなお子さんがいると植物がトラブルのもとになることもあるのでは?
「サボテンを置くときには、さわると痛いことを教えればさわらないし、痛い思いをしてもその経験から学べばいいと思っているんです。それよりも自分で世話をした植物が成長する喜びを知ったり、生き物への思いやりを学んだりするほうが大事ですね」
この家で増田家の子どもたちがどんなふうに成長していくのか、とても楽しみだ。

左／スタイリッシュでありつつも、あたたかな家族の暮らしもうかがえる、心地よい2階のリビングルーム。ダイニングテーブルの上の切り花も、「家の"気"がよくなるような気がして」定期的に増田さんが飾っているそう。 上／1階には アウトドア好きな増田さんのツール類や自転車置き場も兼ねた書斎がある。お気に入りのアンティークチェストの上には、チェストの色に合わせて色の濃い多肉系植物を配置。窓から離れているため、日陰に強い品種を選んだという。

③

子どもの絵
+植物
=最強のヒーリング

テレビの上のいつも目にとまる場所に植物とともにさりげなく飾られていたのは、息子さんが最近描いてくれたというパパとママの絵。疲れていても、ここを眺めれば笑顔になれそうだ。

④

大好きな
雑貨コーナーにも
やっぱり植物

シェルフの上は、99%増田さんが集めたというさまざまな雑貨のディスプレイコーナー。そこでもドライプランツやチランジアなどオブジェとして楽しめる植物が存在感を放っていた。

> インドアグリーンライフの
> もうひとつの楽しみ！

ポット選びにも
こだわりたい！

Pot and Pot Cover

お店に並んでいるグリーンたちは、たいてい種苗農家さんがセットしたプラスチックのポット（プラ鉢）や、黒いビニールポットに入っている。とくにインドアグリーンはインテリアのひとつとして室内に置くので、業務用のプラ鉢のままでは味気ないし、せっかく気に入って手に入れた植物をさらにかっこよく魅力的に見せるために、合わせるポットもこだわって選びたいもの。インテリア映えする最高のコーディネートを楽しむためにも、どんな点に注意してポットやポットカバーを選べばいいのか、ポイントをおさえておこう。

Point 01
ポットか
ポットカバーか

ポット（植木鉢）とポットカバーの違いは、鉢底に「底穴」と呼ばれる"穴"があいているかどうか。底穴は不要な水分を排出したり、空気の出入り口になったりするためのもの。植物の根は栄養を吸収するだけでなく呼吸もしているので、底穴がないと窒息してしまうし、余分な水分を排出することもできず根腐れを起こしてしまう。
そのため底穴のあるポットは直接植物を植え込むことができ、屋内でも屋外でも使えるが、底穴のないポットカバーは文字通りポットのカバーなので植物を植え込むことはできず、ポットを入れて室内で使うもの、となる。
ただSOLSOでは、インドアグリーンの場合、あえて購入後の植え替えをしない管理をおすすめしている（下記「Tips」参照）。これは極力植物にダメージを与えないためなのだが、この管理法には、ポットもポットカバーも同じように扱えるというメリットも！デザイン重視で好みのものを選べることになるので、選択の幅がグンと広がるのだ。

Tips 植物にも人にもやさしい
"プラ鉢管理"のすすめ

植物を購入後、さぁ植え替えてあげなきゃ！と、すぐに植え替える人も多いのでは？でも、ちょっと待って。屋外で育てる植物は、花壇や大きめの鉢に植え替えをしたほうがいいけれど、室内向きのインドアグリーンにはあえて植え替えをしないという選択肢も。植物にとって、植え替えは大切な根をさわられる大事件。だからとくに必要がなければ、植え替えずに購入時のプラ鉢で育てても大丈夫。農家さんが育ててきた、その植物にとっての最適な状態をわざわざ崩す必要はないし、そのほうが植物へのストレスも少ない。SOLSOのおすすめは、好きな鉢を選んだら、プラ鉢のままスポッと入れてしまう方法。底穴のないポットカバーなら植物をプラ鉢のまま入れるだけ。底穴のあるポットなら、インナーポットに入れてから入れるだけと超簡単。植物の元気な状態を保ちつつ好きなポットも選べる、しかも手間いらずと、これぞ手軽でベストな方法！

プラ鉢 ↓　　入れるだけ ↷

インナーポット　　室内用のポット
（底穴のないプラ鉢）

Point 02
インテリアとの相性

モダンな部屋にはシャープな樹脂系、ナチュラルな部屋には木や竹などの天然素材系など、部屋との相性もひとつの基準。事前にインテリアの写真を撮り、お店に持参するとイメージしやすくなる。同じ部屋に置くポットは同じ素材にする、同じトーンの色味にするなど統一感を持たせるのもインテリアになじませるコツ。

Point 04
グリーンとの相性

スラリとしたシルエットの植物には同じく細身で縦長のポット、枝ぶりのしっかりした存在感がある植物にはどっしりとした口径の大きな安定感のあるポットなど、植物とポットの形には相性がある。植物の形が映える形状のポットを探そう。植物を収めたときに全体がどんなシルエットになるのか、想像するのも楽しみのひとつ。

Point 03
サイズ

ポットを選ぶ際、必ずチェックしたいのが口径と高さ。植え込む場合、鉢が大きすぎると植物が必要以上に大きくなったり、土が過度に水分を保持して加湿になる場合もあるので、急に鉢を大きくするのは禁物。購入時のポットと同程度、または少し大きめのものを選びたい。植え込まない場合は、購入時のポットがすっぽり収まるものを選ぼう。ポットの口径は「号」で表されることが多い。1号（＝1寸）は約3cm。3号なら約9cm、5号なら約15cmだ。

写真は実寸の3号鉢。このポットの場合、口径は約9cm、高さは約8.5cm。植え込む場合は植物の根が収まるかどうか、植え込まない場合はプラ鉢やビニールポットがはみ出すと見映えが悪いので、すっぽり収まるかどうかをチェック！

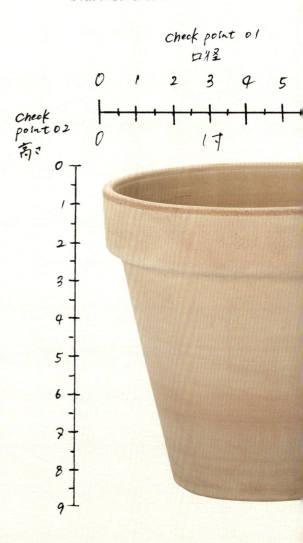

素材別ポットガイド ①
やきもの

粘土を高温で焼いてつくる素焼き鉢は、空気や水を通すため植物の生育に理想的なうえ、土本来の力強さやあたたかみが感じられるのが魅力。ガラス質の釉薬を施した釉薬陶器は、美しいツヤ感や豊富なバリエーションに加え、汚れにくいため室内使いにもおすすめ。

Tips 素焼きポットにペイントすればオリジナルポットに!

シンプルな素焼きポットをオリジナルな1点モノに変身させる方法として、おすすめなのがペンキで塗ったり、文字を書いたりするアレンジ。好きな色で塗ったり絵を描いたり、植物の名前を書いたりステンシルしたり。クリエイティブに楽しもう!

テラコッタ（赤土）
植物との相性はバツグン！王道の素焼き鉢は、手づくりならではのゆがみや焦げ具合も味！
φ12cm〜／1,400円〜

テラコッタ（黒土）
高温焼成した黒土の鉢。表面の削り加工が粗野でありつつも、上品で落ち着いた雰囲気。
φ26cm〜／3,500円〜

テラコッタ×釉薬
高温でしっかり焼き締められた小型の陶器鉢。リムがカラーになるだけでモダンに変身。
φ9.5cm〜／900円〜

Italian terra cotta

トスカーナ産のザ・素焼きポット

ギリシャ・ローマ時代からの伝統製法でつくられているイタリアンテラコッタ。きめ細かな土によるツルンとした質感とバランスのいいシルエットも魅力。通気性がよく植物の生育にもやさしいうえ、どんなグリーンとも相性がいいため世界各国で親しまれている。

φ12cm〜／1,400円〜

Berg's potter
デンマークデザインの陶製ポット

バーグスシリーズは、美しいシルエットを持つ硬質の素焼き鉢。植物の成長とともに水が染み出し、鉢の表面が経年変化していく姿がなんとも美しい。デンマーク王室からインスパイアされたデザインと、自然風景から切り取った個性的なカラーも魅力。ひとつずつ職人が手づくりしている。

BERGS POTTER
φ12cm〜／1,800円〜

釉薬陶器
使いやすいシリンダー型、素焼き部分との切り替えがアクセント。
φ12cm〜／1,400円〜

釉薬陶器
テラコッタ素材に施されたハンドメイド感たっぷりの模様が魅力。
φ12cm／2,800円

釉薬陶器
お皿がセットの丸いボウル鉢。形もカラーも個性的なひと鉢。
φ12cm／2,600円

釉薬陶器
ツルンとした質感と上品さが美しい。高級感があり室内使いにも◎。
φ26cm〜／6,200円〜

SOLSO FARM BOOK 133

素材別ポットガイド ②
樹脂

軽くて扱いやすいプラスチックやポリストーン、自然の風合いを再現しながらも、繊維を入れることで耐久性を上げ日常での使いやすさを追求したセメントなど。陶器鉢とくらべてシャープなフォルムが際立ち、形や質感のバリエーションが多いことも特徴。

> ポットの高さを調節したいとき、あると便利なのがポットスタンド。素材もデザインも種類豊富なので、ポットやインテリアに合わせて選ぼう!

ファイバーセメント
ファイバーグラスで耐久性を増したセメント鉢。ひんやりした質感が魅力。
φ18cm〜／2,200円〜
※木製スタンド3,600円〜

プラスチック
農家さんが使うプロ仕様のナーサリーポット。クールでタフで、なにより軽い!
φ30cm〜／600円〜

ポリストーン
ひんやりとしたマットな質感、薄くて軽いため鉢カバーとして便利。
φ26cm〜／9,000円〜

ラタン
太めの籐をしっかり編み込んだ鉢カバー。シックな色目なので使いやすい。
φ20cm〜／4,000円〜

ウッド
本物の木をくり抜いた鉢カバー。重いけれど重厚感があり貫禄の存在感。
φ18cm／18,000円〜

シーグラス
合わせるだけでグリーンの魅力度がアップ! 鉢カバーは軽いほうが便利。
φ40cm／20,000円

素材別ポットガイド ③
天然素材

ナチュラル、プリミティブ、アンティークなど、部屋のテイストに合わせて楽しめるのが魅力。自然のままの色や形、多少の不格好やゆがみさえもいい味になり、これがグリーンに合わないわけがない! 湿度が高いとカビが生えやすいので、置き場所には要注意。

素材別ポットガイド ⑨
その他素材

メタル素材やリサイクル素材、レザーや布。そのまま植え込むのは無理でも、鉢カバーとしてならどんな素材でも使える。植木鉢じゃないから、なんて頭でっかちにならないで、シリンダー型にボウル型、バケツ型など、好きなものに自由にグリーンを合わせてみよう。

アイアン
どっしりした重厚感と年季が入った雰囲気が存在感たっぷり。
φ12cm／2,500円

エコポット
もみ殻などをでんぷんで固めたリサイクル素材。屋外で使うとしだいに土に還るのが"エコ"な理由。
φ13cm／480円

アイアン
グリーンのみずみずしさをさらに際立たせる、クールな質感の鉄素材。
φ20cm／20,000円

ラバーバケツ
ハンドル付きの業務用バケツ。もちろんプラバケツだってOK。
φ30cm／4,500円

ブリキ
グリーンとの相性はバツグン。軽くて扱いやすいためインテリアにも重宝する素材。
φ35cm／12,000円

Tips
器にだってこだわりたい！
アンティークや1点モノを楽しむ

もっと自分らしくグリーンを楽しみたい、という人にぜひとも試してほしいのが、アンティークやフォークロア、陶芸作家さんの作品などといった1点モノや、本来はポットではないものをポットにしてしまうという方法。少々値段が張るかもかもしれないけれど、とっておきの器にお気に入りのグリーンを合わせれば、さらにグリーンが魅力的に映えることは間違いなし！

1点モノの重厚な木製鉢は、軽年変化も楽しめる。

プリミティブな素焼きの鉢には、素材感ある樹形の木を。

出番の少ない食器や、ひび割れたり欠けたりした食器は、小さな植物のポットに。

基本の インドアグリーン用 ツール

必要な道具が少ない分、気軽にはじめられるのもインドアグリーンのいいところ。室内に置くことも考えて、ビジュアルにもちょっとこだわって選んでみよう。

① ジョウロ

室内で水やりをする場合、シャワーのように水が出るタイプより根元にピンポイントで水をさせるタイプが便利。存在感があるので、インテリアとなじむかどうかも考慮して選びたい。

② 霧吹き

植物の乾燥対策や、ホコリや害虫を防ぐための葉水作業は、インドアグリーンの管理には欠かせないもの。できれば毎日行いたい葉水やりの道具には、きめ細やかなミストが出る使いやすいものを選びたい。

③ ハサミ、ナイフ

伸びすぎた葉や枝をカットしたり、植え替え時に不要な根を切ったりするときに使用する。扱いやすく、切れ味のよいものを準備しておこう。

④ 土入れ、スコップ

土を扱うときには土入れやスコップがあると便利。小鉢も多いインドアグリーン用には小ぶりなものがおすすめ。ちなみに右側の棒は、鉢に入れた土をつついてすき間を埋める道具。

How do you enjoy
the indoor green?

植物をもっと魅力的にする
こだわりディスプレイ

家が狭いので置ける鉢の数にはかぎりがあるし……という人でも大丈夫！
手軽にできて、植物と暮らす楽しみがぐっと広がる飾り方をご紹介。

Technique 01

たくさん並んだ景色はまるで実験室！

水耕栽培

水やりを忘れがちな人や、家を不在にすることの多い人におすすめなのが、水耕栽培。ガラスびんに水と植物を入れておくだけなので切り花感覚で楽しめるし、根も観賞できるビジュアルは、まるで標本やオブジェのよう。サボテンや多肉植物などの加湿を嫌う植物でも、根だけを水につけておけば大丈夫。管理も楽なうえ、腐りづらいのも水耕栽培のいいところ。さらに、挿し木で増やせる植物なら、びんに活けておくだけで根を出し、成長する様子を楽しむことも。ただし、とくに夏は直射日光が当たらないよう、カーテン越しの明るく風通しのいい場所で管理を。

[用意するもの]
- 好みのサボテンや多肉植物、インドアグリーンの枝、球根など
- ガラスびん
- 水…適量
- バケツ、ボウルなど（根の洗浄用）

【 水耕栽培の手順（鉢から移す場合）】

① 植物をポットから出し、バケツなどにはった水の中でやさしく根についた土を洗い落とし、自然乾燥。

② ガラスびんに水をはって植物を入れ、明るく風通しのよい場所に置く。

おすすめ植物	・フィカス、ドラセナ、シダ、サトイモ、サボテン、多肉植物など根が出やすい植物や球根植物。
管理のポイント	・急激な水温変化が起こらないよう、夏はカーテン越しの風通しのいい場所、冬は窓際を避けた明るい場所で管理する。 ・水がにごったら入れ替える（水がきれいなら足すだけでOK）。
アドバイス	・植物が活動をはじめる季節（目安は気温15℃以上）にはじめると、すぐに変化を観察できてより楽しい。 ・土を落とすのは冬を避け、春〜秋の寒くない時期に。

Technique 02

ガラスの中の小さな自然を愛でる
テラリウム

19世紀、大航海時代のイギリスでプラントハンターが入手した植物を母国へ持ち帰るために考案されたというテラリウム。クリアなガラス容器の中の小さな世界は、コンパクトかつスタイリッシュなうえ、小さな空間でみずみずしく映えるグリーンの上品さと繊細さもアップ。部屋にいながらにして自然が感じられるテラリウム、難しく考えないで好きなグリーンでトライしてみよう！
テラリウムづくりで大切なのは、植物のボリュームと土のバランス。土が浅いほうが見た目にもきれいなので、なるべく根にストレスをかけないように、小振りな苗や丈夫で強い品種を選ぶのがコツ。また、寄せ植えをするときには性質の似たタイプを合わせるのも忘れずに。植物だけでなく、流木や貝殻、石などの自然の造形をプラスすれば、さらにインテリア度がアップ！　ランやチランジアも、テラリウム向きの植物だ。

[用意するもの]

◎ 好みのインドアグリーン
◎ 土…適量（植え込み用。SOLSOでは水槽の底砂、水草栽培用土として市販されているアクアソイルに、ミリオンA、ゼオライトなどの根腐れ防止剤を5％くらい混ぜて使用）
◎ 表面のカバー材…適量（水はけをよくするほか、装飾の意味もあるので砂利や石、苔などをお好みで）
◎ ガラス容器…1個（入れたい植物に合わせた大きさのもの。専用ケースやあきびんなど）
◎ ミニスコップや土入れ
◎ 作業用の平皿や新聞紙など
◎ 剪定バサミ（根のカットが必要な場合）

テラリウム用ガラスびんは、フォルムやデザインも多種多様なので、びん選びも楽しみのひとつ。チランジアなら容器に入れるだけでテラリウム完成！

【 テラリウムのつくり方 】

① 植物をポットから出し、根についた余分な土を落とし、軽くほぐす。

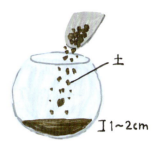

② ケースの底に土を1〜2cmほど敷く。

③ 植物を配置し、土を足して根を完全におおう。

④ 土の表面に砂利を散らす。

One Point! ストローのような長い注ぎ口つきのポリ洗浄びん（右）やピンセットなど、実験室のようなツールが便利。収納に薬びんを使うなどすると、実用的かつスタイリッシュ！

おすすめ植物
- 観葉植物、サボテン、多肉植物なら基本的にはなんでも。ただし、性質が近い植物（管理方法が似たもの）を組み合わせるのがコツ。

管理のポイント
- 直射日光を避け、明るく、風通しのよい場所に置く。
- 日陰でも植物育成用のライトやLEDライトを照射すれば栽培できる。
- 水やりは底にたまった水が完全になくなり、不安な場合はさわって土が乾いていることを確認してから行う。過湿に注意。
- 1回の水やり量の目安は、土の高さの3分の1〜4分の1程度。ポリ洗浄びんを使うと量を調節しやすい。水やり後10分程度おき、水のたまり具合を確認するのが適量を把握するコツ。水が多すぎた場合はティッシュペーパーを土の上に置き、余分な水分を吸い上げる。
- 霧吹きは植物の健康のためにはよいが、その都度ガラス内部の掃除が必要になるため、掃除が面倒な場合はしなくてもよい。

アドバイス
- 容器はガラスびんなら何でも使えるが、初心者には手が入るタイプがおすすめ（手が入らない場合はピンセットを使って植える）。手が入らないびんに植えたい場合は、種を仕込んで発芽から楽しむという手も。

ハンギング用のロープなどがついている容器を選べば、吊り下げて楽しめる。

Technique 03

苔と植物が一緒になって2倍楽しい
苔玉

好みの植物の根っこを苔のボールで包み込み、まん丸に仕上げた苔玉。鉢を使わないため、置いたり吊るしたりと気軽に植物を楽しむことができ、季節やおもてなしのちょっとした演出にもぴったり。そのままだと和のイメージが強いけれど、植え込む植物や使う資材によりさまざまな顔が出せるのも、苔玉のいいところ。受け皿などの器を変えるだけでもいいし、テグスの代わりにカラーロープや毛糸を使ったり、ボール部分を丸ごと麻布で包んで吊るしたり。鉢がない分、植物を楽しむ自由度は何倍にもアップ、植物を使ったDIYをしたい人にはぜひトライしてほしいグリーンの楽しみ方なのだ。また、植物と苔、ともにキレイに維持するために重要なのは、置き場所と水やり。直射日光を避けた明るく風通しのいい場所で、霧吹きで湿度を補うことも忘れずに。

【 苔玉のつくり方（室内栽培用）】

① 植物をポットから出し、根についた余分な土を落としておく。

② 水苔と土を5:5〜7:3の割合で混ぜたもので植物の根をやさしく包み、丸く形づくる。

③ 表面を苔で多い、さらに丸く形づくる。

④ 外側にテグスをぐるぐる巻きつけてしばり、形を固定すればできあがり。

[用意するもの]

◎ 好みのインドアグリーンやサボテン、多肉植物
◎ 水苔…適量（水につけて戻し、絞っておく）
◎ 土…適量（観葉植物用、多肉植物用など使用する植物に合わせて用意する）
◎ 苔…適量（苔玉用の苔[ハイゴケが初心者向き]、採取してきた好みの苔など）
◎ テグス…適量
◎ 作業用の平皿や新聞紙など

おすすめ植物
・観葉植物、サボテン、多肉植物など根があればなんでも。

管理のポイント
・直射日光は避け、明るさと風通しのある場所に置く。
・水やりは苔玉が乾いたら（目安は週に1回程度）、バケツにはった水につけ、中までしっかり水を浸透させる（30分程度放置すると確実）。

アドバイス
・表面の苔の代わりにシートモス（フラワーアレンジメントなどに使われるシート状の乾燥苔）を使うと、苔が枯れない分、管理が楽になる。

One Point! 鉢がないため、針金や麻ひもで気軽にハンギングにもできる！ビカクシダを吊るせばまるで飛んでいるよう。

麻ひもやロープを編んだマクラメのほかにも、バスケットやブリキのバスケットなど、ハンギング用のツールもいろいろ。インテリアや好みのテイストに合わせて選びたい。

Technique 04

吊るすだけで部屋の景色が一変！
ハンギング

長く伸びたグリーンが風にそよぐ姿を思いっきり楽しめるのが、ハンギングディスプレイ。好みの鉢をロープで吊るすマクラメタイプや、自然素材のバスケットなど、ハンギング用のツールは種類も豊富なため、インテリアや好みに合わせてグリーンとのマッチングを考えるのが最高に楽しい！　とっておきのひと鉢を吊るしてもいいし、たくさん吊るしてジャングル風の空間にするなんて手も。
天井や壁についたフックやライトレール、突っ張り棒など、吊るしたり引っかけたりしながらグリーンが一番魅力的に見える角度を探して、自由な発想でグリーンを楽しもう！

おすすめ植物
・葉が垂れ下がるタイプの植物。

管理のポイント
・吊るす場所の明るさは植物の性質に合わせ、風通しを確保する。
・水やりは週に1回程度、ベランダやバスルームなどに移動させ、鉢の底から水が出るまでたっぷりと。さらに霧吹きで全体のホコリを洗い流すとベター。

アドバイス
・複数吊るす場合は高さを変える、前後にずらして奥行きを出すなどすると空間に動きが出てより楽しい。

One Point!

小ぶりの植物なら、フックがついたブリキのバケツに入れて吊るしても。ほかにも引っかけるフックがあるものなら、アイデアしだいでいろいろなアイテムが使える。

SOLSO'S VOICE
SOLSOスタッフに聞きました！

まだまだある！「インドアグリーンの○○」

毎日たくさんの植物に囲まれて働くSOLSOチーム。グリーンのプロではあるけれど、失敗したり、とまどったりした経験も。そんなエピソードを含め、インドアグリーンにまつわるあれこれをリサーチ！

Q.1 失敗談

A.
- 水をあげなさすぎて、サボテンが干からびた。
- 枯らすことを恐れて水をあげすぎたら、根腐れして枯れてしまった。
- 虫がついて、虫の排泄物で床がベトベトになった！
- 冬場にベランダに出しておいたら大雪が降って枯れてしまった。
- ユーカリを室内で育てようとしたら枯らせてしまった。

Q.2 いつも気にかけていること

A.
- 部屋の環境に合ったグリーンを選ぶ。
- インテリアとの相性で、形や葉の色が映えるようにディスプレイする。
- 模様替えしやすいよう、軽い鉢カバーに入れている。
- カーテンを開けて外出し、日光になるべく当てるようにしている。
- 春から秋にかけては窓を開けっぱなしにして風通しをよくしている。
- 場所や環境を実験的に変えながら、どこに適応するかを観察する。

Q.3 ついついやってしまうこと

A.
- 旅に出ると街路樹などを観察してしまう。日本ではインドアで楽しむグリーンが海外では街路樹として道端に植えられていたりするので面白い！
- 散歩のときなどに、見たことのない面白い植物が自生しているのを見つけると、必ず自宅に持って帰って栽培してしまう。
- 旅先も植物ありきで決めてしまう。巨大植物市場があるタイへ行ったときは、つい多肉植物やランを大量買いしてしまい、税関で没収されてしまった（涙）。
- パキラの蜜（甘い）をなめてしまう。砂漠に行ったときはサボテンの実を見つけてうれしくなり、もいで食べようとしたらトゲまみれになった。

Q.4 やっぱりここが好き！

A.
- 植物とはいえ、生き物がいることで部屋が明るくなる。
- インドアグリーンがあると奥さんが喜ぶ！　家族の話題が増える！
- 夜、ひとり暮らしの暗い部屋に帰ったときでも、ほっといやされる。
- ふとした瞬間に季節を感じることができる。
- 自分が気に入って手に入れたグリーンは、愛情をかけるほど変化するのでうれしい。

BASIC STEPS
TO HEALTHY INDOOR GREEN

APPENDIX

インドアグリーン
の
基礎知識

BASIC KNOWLEDGE　LESSON 1
LET'S START GREEN LIFE!
インドアグリーンとの
暮らしをスタート、その前に！

BASIC KNOWLEDGE　LESSON 2
EVERY DAY WITH GREEN.
インドアグリーンと暮らそう！

BASIC KNOWLEDGE　LESSON 3
WATERING. IT'S ALWAYS EXPERIMENT.
コツが必要！ 水やりのこと

BASIC KNOWLEDGE　LESSON 4
HOW TO REPOT YOUR GREENS.
植え替えは慎重に！

BASIC KNOWLEDGE　LESSON 5
WHEN THINGS GO WRONG.
植物トラブルFAQ：
こんなときどうする？

BASIC KNOWLEDGE
LESSON 1

インドアグリーンとの暮らしをスタート、その前に!

お店に行く前に知っておきたいいくつかのこと

LET'S START GREEN LIFE!

◆ 買うのはいつ？

インドアグリーンは基本的には一年中手に入るけれど、流通量や品種も豊富になり、植物の成長も旺盛で購入後も元気に育ちやすい3〜7月頃が、はじめて育てる場合にはおすすめの季節。とはいえ、ひと株ずつ表情も個性も異なるため、気に入ったひと鉢に出会ったらそれが買うタイミング！ とっておきのひと鉢を見つければ、やっぱり大切にずっと育てたくなる、それがインドアグリーンとハッピーに暮らすための一番のコツかも。

◆ 買う前に。

欲しいと思うタイミングも、人それぞれ。偶然出会ってピンとくるときもあれば、模様替えをしたから、大切な人への贈り物にしたいからといった理由で選ぶ場合も。どんな場所に置きたいか、世話ができそうかなど、自分との相性を考えてみよう。仕事で忙しく週末くらいしか面倒を見られないなら手のかからないひと鉢を、家族みんなで楽しみたいならシンボルツリーや変化が楽しい品種を選ぶなど、ライフスタイルに合わせてチョイスするのもひとつの手だ。

◆ さあ選ぼう！

いざお店に行ったものの、いろんな品種や大きさがありすぎてよくわからない……というのが正直なところかもしれない。そんなときは、お店のスタッフをつかまえて相談してみよう。スタッフは毎日たくさんのグリーンの世話をしているグリーンのプロ。好みや置き場所、ライフスタイルなどを説明しながら聞けば、いままでは知らなかったはじめてのグリーンとの出会いがあり、そこから新たな世界が広がっていくことも。

◆ どう選ぶ？

好きなひと鉢をじっくり選ぶのは、植物選びの醍醐味とも言える。そんなときに注意しておきたいポイントは、とにかく元気で状態のいい株を見極めること。そうすれば、家に持ち帰ったあともきっと元気に育ってくれるはず。第一印象の見た目も大切だけれど、葉の色や株全体、土の状態などを念入りにチェックして、とにかく健康で病気の心配のなさそうなものを選ぼう。

CHECK !

☑ 元気な株の見極めポイント

POINT 1 葉
葉の色が正常か、枯れたりしおれたりしていないか。

POINT 2 葉や茎
虫がついていないか。

POINT 3 株元や土
土の量は十分か。株がぐらつかないか。土の表面に苔が生えていたり、虫がいたりしないか。

POINT 4 鉢底
鉢底の穴から根が飛び出していたりしないか。

POINT 5 全体
傾いたりヒョロヒョロした軟弱な状態ではないか。

BASIC KNOWLEDGE
LESSON 2

インドアグリーンと暮らそう！

大切なのは「グリーンを見る」習慣をつけること！

EVERY DAY WITH GREEN.

毎日の観察を楽しもう

グリーンと暮らすうえで一番大切なことは、できるだけ毎日観察してあげること。毎朝家族と顔を合わせ「おはよう」と声をかけると相手の調子がわかるように、グリーンの様子も毎日見るうちにその変化がわかってくる。そうすれば、もしグリーンがSOSを出しても、いち早く気づき早めの対処が可能になる。
しかも毎日観察すれば、新芽や蕾などのご褒美に遭遇することも！　毎日お世話しなきゃと難しく考えなくても、グリーンを見ることを意識するだけでOK。日々のルーティンに「グリーンを見る」を軽〜く取り入れてみよう！

インドアグリーンに適した置き場所は？

日陰に強い、弱いの差はあるものの、ほとんどのグリーンは日当たりのいい場所を好むため、明るい窓辺などが置き場所としては最適。日照が不足すると、葉の色ツヤが悪くなったり、ヒョロヒョロと伸びる「徒長」という状態になり、樹形が崩れることも。
逆に、本来はジャングルの地表近くなど、ほかの植物に隠れてやわらかな日差しを好むシダなどは、レースのカーテン越しなど、よりやさしい日差しの中に置くこともポイント。原生地の様子を思い浮かべて置き場所を選んであげることが大切だ。

季節によって世話は変えたほうがいい？

どのグリーンも、本来は自然の中で季節を感じながら生きている。だから、人が心地よいと感じる春や秋はグリーンにとっても心地よい季節で生育も活発になるため、屋外で日光浴させたり、シャワーをかけるのもおすすめ。同様に、夏や冬はグリーンにとっても過酷で厳しい季節。だから、いくら熱帯生まれの品種でも、真夏の直射日光に当てると葉焼けで傷んだり、耐寒性がある品種でも冬の霜に当たれば凍傷で弱ってしまうことも。もちろん、エアコンの風が直接当たる場所もNG。グリーンにとって気持ちのいい環境を探してあげよう。

CHECK!

☑ シーズン別お世話のポイント

Spring　春
気温の上昇とともに、冬の間にたくわえたエネルギーを使って次々と新芽を出す季節。水を欲しがるため、水切れさせないように気をつけて。

Summer　夏
一年で最も生育旺盛な季節には、太陽の光と自然の風に当てて強い株に育てよう。ただし、強い直射日光は葉焼けの原因になるのでインドアグリーンには禁物。

Autumn　秋
気温の低下とともに、生育活動をゆるやかにセーブしはじめるため、夏の間はしっかり行っていた水やりも、様子を見ながら頻度や量を調整してあげて。

Winter　冬
耐寒性のあるグリーンでも屋外は苦手。早めに室内に取り込んで暖かい場所で管理を。乾燥しやすい室内では、葉水や加湿器などで適度な湿度を保つ工夫を。

BASIC KNOWLEDGE
LESSON 3

コツが必要！水やりのこと
ポイントをおさえて水やりをマスターしよう

1 メリハリが大切、あげるときはたっぷり

土がつねにジメジメと湿った状態や、ちょろちょろと少量の水をこまめにあげることは、じつは植物にとってはよくないこと。植物は、水が少なくなったときに水を探してグンッと根を伸ばすため、水は土が乾いてからたっぷりと与える、これが大原則。
しっかりたっぷりの水を吸うことで、植物は体全体に水をしっかり吸い上げることができ、同時に土の中で水と空気が循環することで土の中の老廃物が鉢の外へ排出される効果も。

2 適量を見極める

水やりは基本的に鉢底から流れ出るまでたっぷりと行い、受け皿に貯まった水は捨てることが大切。しかし大きな鉢は受け皿の水を捨てるのが大変だったり、鉢カバーに入った状態では水が見えにくかったりするもの。そんなときには、下のように、まずその鉢の適量をチェックして、その量を把握しながら水をあげる方法も。とはいえ、基本はやっぱり鉢底から流れ出るほどが目安。水をしっかり流し、土の中に新鮮な空気を行き渡らせるためにも重要なのだ。

水やりの"適量"を知る方法

STEP 1

鉢土がしっかり乾いているかを確認

最初の水やりをするのは、鉢土が完全に乾いたとき。土を触って確認する、持ち上げられるサイズなら鉢ごと持ち上げて軽くなっているかどうかを確認しよう

STEP 2

鉢底から水が出始めるタイミングをチェック

小鉢なら料理用の軽量カップ、中～大鉢ならペットボトルなどに水を入れて少しずつ水やりをする。鉢底に注意して、水が少し出たらすぐにストップ！

STEP 3

それがその植物の"適量"です

ストップするまでに与えた水の量が、その植物にとっての適量となる。たくさん鉢がある場合は、それぞれの適量をメモするなどして記録しておこう

水やりはグリーンと暮らすうえでの欠かせない作業。
とはいえ、置き場所やグリーンの性質により、
必要なタイミングや量が異なることから難しくとらえられがち。
けれど、基本的なポイントは以下の4つ。
グリーンとの会話を楽しみながら適切な水やりをマスターしよう。

WATERING.
IT'S ALWAYS
EXPERIMENT.

3 植物の性質や季節によって頻度を変える

生育期にあたる春から秋は、植物もたっぷりの水を必要とするうえ、土も乾きやすいため、気づいたときには水切れして弱っていたということのないように、土の具合をしっかり見ながら水を与える習慣を。
一方、晩秋から冬の間は、生育もゆるやかになり休眠に入る植物も。負荷をかけないよう乾燥ぎみを心がけ、水やりは暖かな日中に行うなど根腐れしないように注意しよう。季節や植物の性質に合わせた頻度や量を調整するのもポイント。

4 葉水も忘れずに

多くのインドアグリーンは、原生地では雨や霧の中で葉っぱからも水を吸収して生きている。そんな状態を保つために行う葉水も、インドアグリーンの生育や健康維持にはとても大切な作業。とくに乾燥する室内では、葉の乾燥を防いだり、ホコリを洗い流して葉の美しさを保ったり、害虫を予防するためにも葉水が効果的。霧吹きでしっかりと葉の表と裏、全体に葉水を与えよう。気候のいい季節には屋外に鉢植えごと持ち出して、全体にシャワーをかけてもOK。

CHECK!

☑ **着生植物やチランジアには「ソーキング」も効果的**

樹木や岩などに貼りついて生育するタイプの植物は、鉢植えの植物と違い、おもに根や葉っぱから空気中の水分を吸収して生きている。空中湿度を保つ方法として葉水は欠かせないが、たっぷり水を吸収させるためにより効果的な「ソーキング」という方法も。毎回でなくとも、周期を決めてたっぷりと水浴びをさせてあげよう。

[ソーキングの手順]
① バケツやたらいなどにたっぷりの水を入れる
② 植物がひたるように水の中に入れ、30分ほど置く
③ しっかり水を吸ったら、しっかり水をきって、自然乾燥させる

[ソーキングに適したグリーン]
ビカクシダやリコポディウムなどの着生植物、チランジア類、苔玉など

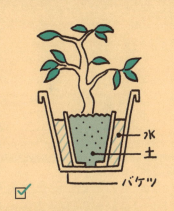

☑ **土が水を吸わない!?**

土が乾燥しすぎると、いくら水を与えてもはじいてしまい、まったく土に浸透しなくなることがある。鉢を持ち上げると妙に軽く、水がそのまま底穴から流れ出てしまう状態がそれ。そうなったら、バケツなど深めの容器に水を張り、土が入った鉢をそのまま土の表面まで沈めよう。水に沈めると空気の泡がブクブクと出るので、そのまま土に水が浸透するまで10分ほど放置。土が水をしっかりと含んだら、それ以降は通常の水やりに。

BASIC KNOWLEDGE
LESSON 4

植え替えは慎重に!
植物が元気な状態なら、植え替えは無理にしなくてもOK

一般的に、鉢植えの植物は年に一度ほどひと回り大きな鉢に植え替えをすることがいいとされているが、元気に育っていて、とくに大きく育てる必要がない場合は、植え替えはしなくてもOK。植え替えは根が張るスペースを増やし大きく育てたいときには有効だが、とくにインドアグリーンの場合は大きくなりすぎると困る場合も。

また、植え替えは植物の心臓ともいえる根にさわることになるため、根を傷め、株全体が弱ってしまうリスクもある。植え替えは植物にとってもストレスがかかる大作業。本当に必要な場合だけ行ってあげよう。植え替えが必要なのは、次のようなとき。サインを見つけたら、早めに対処しよう。

- ☑ 水はけが悪くなった
- ☑ 土が水を吸わずに全部流れ出てしまう
- ☑ 鉢底から根が出てくる
- ☑ 鉢が割れてきた

いずれも、鉢の中がパンパンになるほど根が張り、根を伸ばすスペースがなくなった状態。そのままにすると酸素不足になり枯れてしまうため、すぐに植え替えをしよう。

なお、植え替えをするのは春や秋の植物の成長期がベター。夏や冬はグリーンも極度の暑さや寒さで弱っていたり休眠している場合があるので、根をさわることで致命的なダメージを与えてしまうことも。グリーンの負担を軽減するための大前提として覚えておこう。

[用意するもの]
基本の培養土(選び方は下記CHECK!参照)に加えて準備しておきたいのはこの3つ。ツールはスコップ、ハサミなど。

植え替え用の鉢
元のものよりひと回り大きなもの。大きすぎると土の量が過多で水分が抜けにくくなり、根腐れの原因になる。

鉢底ネット
水やりにともなって土が流出するのを防ぐため鉢の底に敷く。ただし、使用する鉢の底穴が小さければ使わなくてもOK。

鉢底石
鉢の中の通気性、排水性を高めるため、鉢底に敷く小石。ボディケアアイテムとしてもおなじみの軽石は、鉢底石の定番素材。

CHECK!

☑ 土は配合ずみ培養土が手軽!

植え替えのときに必須となるのが「土」。植物の性質に合わせて数種類の土を配合する方法もあるけれど、土の知識も必要になり、初心者には敷居が高いもの。まずは「観葉植物用の土」「多肉植物用の土」など、植物のタイプに合わせて配合された市販の培養土を使用するのがおすすめだ。インドアグリーン用に市販の培養土を選ぶ際は、有機物を含まないものがベター。肥料分として含まれる有機物は植物の生育には役立つものの、インドアグリーンにとっては養分が過剰になる場合があったり、害虫が発生しやすくなってしまったりするため。清潔な環境を保ってインドアグリーンライフを楽しむためには、土選びも肝心なのだ。

evo みどりが鮮やかになる土
観葉植物など室内の植物用培養土。有機肥料配合ながら、臭いが少なく虫もつきにくい便利な土。

evo 多肉サボテンが元気に育つ土
排水性、通気性を確保しつつ、植物をしっかり支える小粒の土。多肉植物やサボテン向きの培養土。

植物にとって大切な土。植物が根っこをしっかり伸ばして
水や養分を吸収するためにも、
鉢の中の環境もつねにいい状態を保ちたいもの。
健康的で元気な株に育てるためにも、
植え替えは必要なタイミングに適切に行おう。

HOW TO REPOT YOUR GREENS.

植え替えの手順

1 細いスコップや棒などで、植物の周りの土をほぐしながら、植物を根ごとやさしく鉢から抜く。無理に引き抜くと根が傷んだり切れたりするので、ゆっくり焦らずに。

2 抜き取った植物の根の状態をチェックする。根がグルグルにからみ合って張っていたら、軽くほぐして土を落とし、古い根だけをカットする。

3 植え替える鉢の底に鉢底ネットを敷き、必要であれば鉢底石を入れる。鉢底石は水はけをよくしたり、鉢の重量を軽くしたりするためのもの。小さな鉢には使わなくてもOK。

4 鉢底石の上に土を入れながら植物を置き、高さを決める。鉢の縁から2cmほど下が目安。ウォータスペース（水があふれないようにするためのスペース）が確保できる高さに。

5 決めた高さになるように、植物の周りに土を足していく。土を足しながら、鉢を軽く揺する、棒で土をつつくなどして、植物が動かないようにしっかり土を行き渡らせること。

6 底から流れ出るまでたっぷりと水を与える。吸水したら土の量が減るので、水をやる前の高さまで土を足し、さらに水を注ぎ、直射日光を避けた明るい場所でしばらく管理。

BASIC KNOWLEDGE
LESSON 5

植物トラブルFAQ：
こんなときどうする？

元気がない、虫がいる……
症状別対策ガイド

葉が落ちる
▼

春や秋の成長期には新陳代謝で古い葉を落としたり、買ってきたばかりのときには急な環境変化に適応するための防衛本能で葉を落としたりする場合も。少し様子を見て新芽が出れば大丈夫。その環境に合った強い葉を出し元気に育ってくれるだろう。ただ、水切れや根詰まりが原因の場合は水やりの頻度の見直しや植え替えなどの対処を。

茎や葉がしおれ、ぐったりしている
▼

水不足、根詰まり、暑すぎるなどさまざまな要因で株が弱っている状態。土が乾いていることや、真夏の暑さが原因なら、鉢底から流れ出るまでたっぷりの水やりと葉水で応急処置を。水不足でなければ、鉢の中で根がパンパンに詰まってこれ以上根を伸ばすスペースがない状態なので、早急な植え替えが必要。手遅れになる前に対処してあげて。

葉の色が黄色い
▼

茎の上部の葉が弱々しく黄色に変色したら、水が多すぎる、根詰まり、肥料が不足しているなどが原因。土がつねにジメジメしているようなら水やり頻度を減らし、土が完全に乾くまで水やりをひかえて。鉢底から根が出ていたり、土が水を吸わない場合は根詰まりなので、植え替えをしてあげよう。ただ、幹の下のほうの葉だけが変色して落ちる場合は、自然現象なので心配なく。

葉のツヤがなく、色が薄くなった
▼

葉のみずみずしさがなく、白っぽいまだら模様に変化、ざらつきやクモの巣のようなものが見えたらハダニが原因。とくに、乾燥して風通しの悪い室内で発生しやすく、ほかの植物にも感染しやすいため、見つけたらとにかく株全体をシャワーでしっかりと洗い流してあげるなどして駆除しよう。ハダニ予防の対策は、風通しのいい場所に置き、しっかり葉水をあげること。

CHECK！

☑

**肥料もオーガニックに！
という人におすすめ
「evo」シリーズ**

「臭いや虫が発生するのはイヤだけど、化学肥料を使うのもなんとなく気が進まないなあ……」という人、意外と多いのではないだろうか？ 植物という自然と暮らしをともにするのだから、肥料や土だって自然由来の成分からつくられたものを使いたい。そんな思いから生まれた園芸用品ブランドがある。それが「evo」。evoのラインナップには配合ずみ培養土（P.150参照）、肥料、活力剤などがあるのだが、共通しているのは「腐植」という有機成分が含まれていること。腐植は有機物（動物や植物の死骸）が土の中で長い時間をかけて微生物に分解される過程で生まれる、とても複雑な構造を持つ黒い化合物。いわゆる「肥沃な土壌」が黒いのは、腐植を多く含むためで、土の保肥力・保水力・排水性を高めて土をフカフカにする、

152　SOLSO FARM BOOK

WHEN THINGS GO WRONG.

グリーンを元気に育てるためには、置き場所と水やりのコツをつかんで、まめに観察をすることがとても大切。そうすれば、グリーンが発するSOSサインも発見でき、早く対処できればたとえ調子が悪い場合でも復活する可能性が高くなる。SOSサインを見つけたらすぐに対処すること、そして何よりもそのグリーンの特性をつかんだ日々の予防を心がけよう。

葉の色が茶色い

葉先が茶色くなったり、カサカサに乾いて茶色くなるようなら、完全に水不足。その葉は復活しないので、すべて取り除き鉢底から流れ出るまでしっかりと水やりをし、乾燥対策として葉水をすることを心がけて。また、葉のところどころが茶色く変化した場合は、直射日光による葉焼けの場合も。葉焼けの原因は強すぎる光量なので、すぐに置き場所を変更しよう。

葉や床がベタベタしている

カイガラムシの排泄物が原因。葉のつけ根や裏側に小さな虫やフワフワしたものが見つかればシャワーなどで洗い流し、黒いカサブタ状のものは歯ブラシなどでしっかりと取り除こう。カイガラムシはとくに乾燥した室内で発生しやすいため、予防には葉水をこまめに与えて、空中湿度を保つことが大切だ。

株全体がヒョロヒョロ伸びて貧弱に

葉や茎の色が薄くなったり全体的に弱々しく感じられたり、光不足が原因の徒長という状態。強弱の差はあれ、もともと適度に日光を浴びて育つグリーンは、やはり室内の光量では足りず軟弱な株になりがち。葉と葉の間が広くなったり、極端に葉が大きくなるのも光不足が原因。徐々に明るい場所に移動させ、しばらく様子を見てあげて。

幹や茎が黒くブヨブヨしている

鉢や土の内部がつねにジメジメするほど、水を与えすぎていることが原因。株全体が過湿になったら手遅れの場合も。被害が小さければ、腐った部分をすぐに取り除き、土がしっかり乾くまで水は与えず様子見を。水やりは必ず土の状態を確かめてから、そのグリーンに合った適量を与え、皿に水がたまったままにならないように注意して。

コバエが飛んでいる

コバエを誘う一番の原因は、ジメジメと湿った土。水やりは必ず土が乾いてからたっぷりと与え、受け皿に水が貯まった状態にならないようにすること、落ち葉をこまめに取り除くなど、コバエが発生しにくい環境づくりを心がけよう。もし発生したら粘着シートなどで捕獲して駆除し、土を新しいものに入れ替えて。

土の中のミネラルを植物が吸収しやすい状態にする……など、植物の生育に役立つさまざまな効果を持つ。さらには消臭効果もあるため、有機肥料特有の臭いも少ない。そんな腐植を抽出して配合し、有機物由来でありながら室内でも安心して使うことができ、しっかり植物の元気をサポートしてくれるのが「evo」なのだ。

evo 観葉植物とエアプランツが元気に育つ水（左）
evo 多肉植物とサボテンが元気に育つ水（右）
スプレータイプでそのまま使える活力剤。活力剤とは肥料よりもゆるやかに植物をサポートする、サプリメントのような存在。週に2回程度、水やり代わりに葉や茎、土にスプレーすると、植物がイキイキ、いい顔に。

evo 植物が元気になる肥料
腐植配合の有機成分100%の肥料。スパイスのようにミルで砕いて与えるという楽しい仕様には、即効性を高めたり、量の調節をしやすくするというメリットがある。植物の種類を問わず使える。

SOLSO FARM BOOK 153

INDEX

■ STEP 2の図鑑収録品種の掲載名、別名のさくいんです。
■ 「081-14」などとある場合は、「掲載ページ-通し番号」を記載しています。

名前で探す

あ行

アオサンゴ	111 - 04
アオドラセナ（青ドラセナ）	058 - 09
アオヤギ（青柳）	106
アカサヤネムノキ	091 - 04
アグラオネマ 'アンヤマニーホワイト'	038 - 03
アグラオネマ・ヒトスジクサ	045 - 24
アグラオネマ 'ピンクステム'	040 - 08
アグラオモルファ・コロナンス	070 - 07
アスパラガス 'スプレンゲリー'	099
アスパラガス・ナナス	099
アスパラガス 'マイヤーズ'	099
アスパラガス・マコワニー	099
アスパラガス・ミリオクラダス	099
アスパラガス・メリー	099
アスプレニウム・アンティーカム 'オオサカ'	072 - 16
アスプレニウム	069 - 04
アスプレニウム 'コブラ'	069 - 06
アスプレニウム 'ビクトリア'	068 - 03
アスプレニウム 'レズリー'	072 - 14
アポロゴム	030 - 08
アマゾンオリーブ	091 - 05
アマノカワ	107
アメリカサトイモ	040 - 09
アラエオココス	077 - 03
アラレア	053 - 09
アンスリウム・クラリネルビウム	045 - 26
アンスリウム・スカンデンス	044 - 21
アンスリウム・フーケリー	045 - 27
アンスリウム・ポリスキスツム	044 - 23
イトアシ（糸葦）	106
インコアナナス	076 - 01
ウツボカズラ	110
ウンナンシュロチク	092 - 07
エスキナンサス 'タイピング'	108
エスキナンサス 'マルモラタス'	108
エスキナンサス 'ラスタ'	108
エバーフレッシュ	091 - 04
オウギバショウモドキ	092 - 06
オオバンボダイジュ（大判菩提樹）	033 - 13
オキシカルジウム 'ブラジル'	046 - 28
オキシカルジウム 'ライム'	046 - 30
オルソフィツム・ヴァガンス	080 - 11

か行

カイエンナッツ	090 - 01
カザリシダ	070 - 07
ガジュマル	035 - 20
カシワバゴムノキ	030 - 07
カシワバゴム 'バンビーノ'	030 - 06
カラテア・マコヤナ	096
カラテア・ムサイカ	096
カラテア・モザイク	096
カラテア・ランキフォリア	096
カラテア 'ロセオピクタ' ドッティー	096
キサントソーマ・リンデニー	040 - 09
キンモウコ	073 - 17
クセロシキオス	101 - 04
クッカバラ	042 - 16
クモラン	112 - 02
クリプタンサス	081 - 15
グリーンアイランド	035 - 19
グリーンドラム	101 - 04
グリーンネックレス	103 - 07
クレイソストマ・アリエティナム	113
グレープアイビー	109 - 07
クロコダイルファーン	070 - 10
クロゴム	029 - 05
クロトン 飛び葉	111 - 03
ケスネリア・マルモラータ	077 - 05
ゲッキツ	095 - 17
ケンチャヤシ	093 - 09
ゴクラクチョウカ（極楽鳥花）	094 - 14
コチョウラン・パブリカ	112 - 03
コーヒーノキ	103 - 08
コルディリネ 'アイチアカ'	059 - 11
コルディリネ '紅光'	059 - 10
コルディリネ・ストリクタ	058 - 09
ゴールデンモンキー	073 - 17

さ行

サルオガセモドキ	085 - 06
サンゴノボタン	098 - 07
サンスベリア・エーレンベルギー	062 - 02
サンスベリア・カナリクラタ	062 - 01
サンスベリア・キルキー・プルクラ 'カッパートーン'	065 - 08
サンスベリア 'シルバープリンセス'	064 - 05
サンスベリア 'スプーンリーフ'	065 - 10
サンスベリア 'ゼラニカ'	063 - 03
サンスベリア・フランシシー	063 - 04
サンスベリア 'ブルーキュー'	064 - 07
サンスベリア 'ボンセレンシス'	064 - 06
サンスベリア・マッソニアーナ 'バリエガタ'	065 - 09
シェフレラ・アルボリコラ	050 - 01
シェフレラ・エレガンティッシマ	053 - 09
シェフレラ 'グランディ'	050 - 02
シェフレラ・ゴールデン	052 - 05

シェフレラ 'コンパクタ'	052 - 06
シェフレラ 'チェンマイ'	052 - 07
シェフレラ 'ハッピーイエロー'	053 - 08
シェフレラ・ピュックレリ	053 - 10
シェフレラ 'マルコ'	051 - 03
ジグザグカクタス	109 - 05
シーグレープ	094 - 12
シッサス・ロンビフォリア	109 - 07
シマクワズイモ	047 - 34
ジャパニーズバンブー	057 - 05
ジャワゴム	032 - 11
ジュエルオーキッド	098 - 05
ショウナンゴム	031 - 09
シラフカズラ	047 - 33
シルクジャスミン	095 - 17
シンゴニウム・エリスロフィルム	046 - 31
シンゴニウム・チョコレート	046 - 31
シンゴニウム 'ネオン'	047 - 35
真実の木	058 - 07
スキンダプサス	047 - 33
ストレリチア・オーガスタ	092 - 06
ストレリチア・ノンリーフ	093 - 10
ストレリチア 'パービフォリア'	093 - 10
ストレリチア・レギネ	094 - 14
ストロマンテ・サンギネア 'トリカラー'	098 - 06
ストロマンテ・トリオスター	098 - 06
スパティフィラム	045 - 25
スパニッシュモス	085 - 06
スポッテッドドラセナ	057 - 05
セイデンファデニア・ミトラタ	112 - 01
西洋シノブ	073 - 18
セイヨウタマシダ	070 - 08
石化月下美人	109 - 08
セフリジ	092 - 08
センネンボク	059 - 11
ソフォラ 'リトルベイビー'	103 - 10

た行

ダイギンリュウ（大銀龍）	110 - 02
タイワンアオネカズラ	073 - 19
タカワラビ	073 - 17
ダバリア・トリコマノイデス	073 - 18
ダバリア・ラビットフット	073 - 18
チェンマイ	052 - 07
チャメドレア・テネラ	094 - 13
チャメドレア・メタリカ	094 - 13
チランジア・アエラントス 'ミニアータ'	084 - 04
チランジア・アンドレアナ	084 - 02
チランジア・ウスネオイデス	085 - 06
チランジア・カピタータ	084 - 03
チランジア・キセログラフィカ	086 - 09
チランジア 'コットンキャンディ'	084 - 01

チランジア・ジュンセア	087 - 12	ヒカゲノカズラ	068 - 01	ペペロミア・クルシフォリア	100
チランジア・セレリアナ	085 - 05	ヒカゲノカズラ	070 - 09	ペペロミア 'ジェイド'	100
チランジア・テクトラム	085 - 07	ヒトデカズラ	043 - 17	ペペロミア 'フォレット'	100
チランジア・ドゥラティ	087 - 13	ヒメアナナス	081 - 15	ペペロミア・プテオラータ	100
チランジア・トリコロール	086 - 10	ヒメモンステラ	039 - 06	ペペロミア 'ホープ'	100
チランジア・ファシクラータ	087 - 11	ビルベルギア・サンデルシー	076 - 02	ペペロミア・ロツンディフォーリア	100
チランジア・フレクスオーサ・ヴィヴィパラ	086 - 08	ビルベルギア・ナナ	079 - 09	ベンガルゴム	033 - 14
ツビダンサス	053 - 10	ピレア・ペペロミオイデス	101 - 03	ベンガルボダイジュ	033 - 14
ディスキディア・カンガルーポケット	103 - 09	ヒロセレウス・ウンダーツス	109 - 06	ベンジャミン	032 - 12
ディスキディア・ヌンムラリア	107 - 03	ビロードラン	098 - 04	ベンジャミン 'スタシオン'	034 - 16
ディッキア・デリカータ	080 - 13	フィカス・アルテシーマ	028 - 01	ベンジャミン 'バロック'	034 - 17
ディッキア・マルニエルラポストレイ	080 - 12	フィカス・イレグラリス	031 - 09	ホウビカンジュ	068 - 02
ディフェンバキア 'トロピックスノー'	040 - 07	フィカス・サリシフォリア	035 - 18	ホウライショウ	039 - 05
テーブルヤシ	095 - 15	フィカス・ジャンボリーフ	029 - 04	ボストンファーン	070 - 08
デンドロビウム・キンギアナム	113	フィカス 'ソフィア'	028 - 02	ホソエクマデヤシ	091 - 03
デンドロビウム・レオニス	113	フィカス 'バーガンディ'	029 - 05	ポトス 'エンジョイ'	046 - 29
トックリラン	057 - 06	フィカス・ベビーリーフ	028 - 03	ポトス 'パーフェクトグリーン'	047 - 32
ドラセナ・アオワーネッキー	057 - 04	フィカス・ベンガレンシス	033 - 14	ボトルツリー	095 - 16
ドラセナ・コンシンネ（マルギナータ）	058 - 07	フィカス・ベンジャミナ	032 - 12	ポニーテール	057 - 06
ドラセナ 'コンパクタ'	056 - 01	フィカス・ランフィ	031 - 10	ホヘンベルギア・レオポルド・ホルスティ	077 - 04
ドラセナ・コンパクタ・トルネード	056 - 03	フィカス・リラータ	030 - 07	ホヤ・アンダレンシス	104
ドラセナ・ナビー	058 - 08	フィッシュボーンカクタス	109 - 05	ホヤ・オーストラリス	105
ドラセナ 'パンクチュラータ'	057 - 05	フイリサクララン	102	ホヤ・カルノーサ 'コンパクタ'	105
ドラセナ 'ロッチアーナ'	056 - 02	フィロデンドロン 'インペリアルゴールド'	043 - 20	ホヤ・カルノーサ 'バリエガータ'	102

な行

ナガバビカクシダ	071 - 11	フィロデンドロン・エレガンス	041 - 12	ホヤ・クミンギアナ	102
ネオレゲリア・インフィニティ	079 - 10	フィロデンドロン 'クッカバラ'	042 - 16	ホヤ 'サンライズ'	104
ネオレゲリア・ハイブリッド	079 - 08	フィロデンドロン・グラジエラエ	043 - 18	ホヤ・デビットクミンギー	105
ネオレゲリア・パウシフローラ	078 - 07	フィロデンドロン・グロリオスム	044 - 22	ホヤ・リネアリス	104
ネオレゲリア 'ファイアーボール'	078 - 06	フィロデンドロン・ゴエルディ	043 - 19	ポリシャス・バタフライ	051 - 04
ネオレゲリア 'リオブリオ'	081 - 14	フィロデンドロン・シャーク	041 - 11	ポリポディウム・フォルモサヌム	073 - 19
ネフロレピス・エクセルタータ 'エミーナ'	072 - 15	フィロデンドロン 'シルバーメタル'	042 - 15	ホワイトピタヤ	109 - 06
ネフロレピス・エミーナ	072 - 15	フィロデンドロン・セローム	043 - 17	ホンコンカポック	053 - 08
ネペンテス・フーケリアナ	110	フィロデンドロン・ビレッティア	042 - 14	ホンコンシュスラン	098 - 04
ネペンテス 'レディラック'	110	フィロデンドロン 'ファンバン'	043 - 19		
ノボリウチワ	044 - 21	フィロデンドロン 'プルートロンギフォリア'	041 - 11		
ノリナ	057 - 06	フィロデンドロン・ペダツム	042 - 13		

ま行

		フィロデンドロン 'ロジョコンゴ'	041 - 10	マスデバリア・エンジェルフロスト	113
		フペルジア	068 - 01	マドカズラ	038 - 01

は行

パキラ	090 - 01	ブラキキトン	095 - 16	マランタ・レウコネウラ・エリスロネウラ	097
バニラ	102 - 06	ブラジルヒメヤシ	093 - 11	マランタ・レウコネウラ・ケルコビアナ	097
ハネカズラ	038 - 02	フランスゴム	033 - 15	ミドリサンゴ	111 - 04
ハマベブドウ	094 - 12	フリーセア 'レッドチェストナット'	076 - 01	ミドリノスズ	103 - 07
バルボフィラム・モニリフォルメ	113	フレキシオーサ	086 - 08	ミドリノタイコ	101 - 04
パンダガジュマル	035 - 19	ブレッドフルーツツリー	090 - 02	ミニドラゴンフルーツ	109 - 08
パンノキ	090 - 02	フレボディウム・アウレウム	069 - 05	宮古ぜんまい	068 - 02
バンビーノ	030 - 06	フレボディウム・ブルースター	069 - 05	ミルクブッシュ	111 - 04
バンブーパーム	092 - 08	ベゴニア・マクラータ	097	ムカデカズラ	070 - 09
ビカクシダ・ウィリンキー	071 - 11	ベッサム	039 - 06	ムクゲゲゾノキ	032 - 11
ビカクシダ 'ネザーランド'	071 - 12	ペディランサス	110 - 02	ムラサキフトモモ	091 - 05
ビカクシダ・ビフルカツム	071 - 13	ペペロミア・アルギレイア	100	メディニラ・マグニフィカ	098 - 07
		ペペロミア・アングラータ	101	メルハンの木	103 - 10
		ペペロミア・オブッシフォリア	101	モミジバウチワ	044 - 23
				モンステラ 'ジェイドシャトルコック'	038 - 04

モンステラ・スタンデリアーナ	**038 - 02**	サンスベリア・キルキー・プルクラ	
モンステラ・デリシオーサ	**039 - 05**	'カッパートーン'	**065 - 08**
モンヨウショウ	**097**	セフリジ	**092 - 08**

や行

ヤッコカズラ	**042 - 13**	チャメドレア・メタリカ	**094 - 13**
ヤドリフカノキ	**050 - 01**	ディッキア・デリカータ	**080 - 13**
ヤバネシワヒメバショウ	**096**	ディッキア・マルニエルラポストレイ	**080 - 12**

ら行

リコボディウム・ゴエベリー	**068 - 01**	フィロデンドロン・ビレッティア	**042 - 14**
リプサリス・エワルディアナ	**106**	マランタ	**097**
リプサリス・カスッサ	**107**	ムカデカズラ	**070 - 09**
リプサリス・ケレウスクラ	**106**	リコボディウム・ゴエベリー	**068 - 01**
リプサリス・ホルビアーナ	**106**		
リプサリス・ラムローサ	**107**		
リボンカクタス	**110 - 02**		
ルディシア・ディスカラー	**098 - 04**		
レックス・ベゴニア	**097**		
ロックハルチア・ルニフェラ	**113**		
ロブスタ	**029 - 05**		

ミルクブッシュ他

ミルクブッシュ	**111 - 04**
モンステラ 'ジェイドシャトルコック'	**038 - 04**
ラン	**112**
リプサリス	**106**

見た目と楽しみ方で探す

[ナチュラルなフォレスト感]

アスプレニウム 'レズリー'	**072 - 14**
オキシカルジウム 'ブラジル'	**046 - 28**
オキシカルジウム 'ライム'	**046 - 30**
ガジュマル	**035 - 20**
シェフレラ・アルボリコラ	**050 - 01**
ショウナンゴム	**031 - 09**
シルクジャスミン	**095 - 17**
スキンダプサス	**047 - 33**
フランスゴム	**033 - 15**
フレボディウム・アウレウム	**069 - 05**
ペペロミア	**100**
ベンジャミン	**032 - 12**
ホウビカンジュ	**068 - 02**
ポトス 'エンジョイ'	**046 - 29**
ポリシャス・バタフライ	**051 - 04**
メディニラ・マグニフィカ	**098 - 07**

[マニアックな変わり顔]

アンスリウム・クラリネルビウム	**045 - 26**
オルソフィツム・ヴァガンス	**080 - 11**
カラテア	**096**
ケスネリア・マルモラータ	**077 - 05**

[ひと鉢でも存在感あり！]

アンスリウム・クラリネルビウム	**045 - 26**
アンスリウム・フーケリー	**045 - 27**
カシワバゴムノキ	**030 - 07**
ケンチャヤシ	**093 - 09**
コルディリネ '紅光'	**059 - 10**
サンスベリア・カナリクラタ	**062 - 01**
ストレリチア・オーガスタ	**092 - 06**
ドラセナ 'コンパクタ'	**056 - 01**
フィカス・ジャンボリーフ	**029 - 04**
フィロデンドロン 'ロジョコンゴ'	**041 - 10**
ブラジルヒメヤシ	**093 - 11**
モンステラ・デリシオーサ	**039 - 05**

[クールな男前シルエット]

アポロゴム	**030 - 08**
カシワバゴムノキ	**030 - 07**
サンスベリア・エーレンベルギー	**062 - 02**
チランジア・キセログラフィカ	**086 - 09**
ディッキア・デリカータ	**080 - 13**
ディッキア・マルニエルラポストレイ	**080 - 12**
トックリラン	**057 - 06**
ネオレゲリア 'ファイアーボール'	**078 - 06**
ビカクシダ・ウィリンキー	**071 - 11**
フィカス 'バーガンディ'	**029 - 05**
フィロデンドロン・ゴエルディ	**043 - 19**

[ワイルドな野性味が魅力！]

アスプレニウム 'コブラ'	**069 - 06**
アラレア	**053 - 09**
アンスリウム・フーケリー	**045 - 27**
カシワバゴムノキ	**030 - 07**
クリプタンサス	**081 - 15**
ジャワゴム	**032 - 11**
ビカクシダ・ビフルカツム	**071 - 13**
フィカス 'バーガンディ'	**029 - 05**
フィロデンドロン 'クッカバラ'	**042 - 16**
フィロデンドロン・グロリオスム	**044 - 22**
フィロデンドロン 'ブルートロンギフォリア'	**041 - 11**
ブラキキトン	**095 - 16**
マドカズラ	**038 - 01**

[グリーンデビューの定番！]

アポロゴム	**030 - 08**
エバーフレッシュ	**091 - 04**
オキシカルジウム 'ブラジル'	**046 - 28**
オキシカルジウム 'ライム'	**046 - 30**
ガジュマル	**035 - 20**
サンスベリア	**062**
シェフレラ・アルボリコラ	**050 - 01**
ツピダンサス	**053 - 10**
テーブルヤシ	**095 - 15**
トックリラン	**057 - 06**
パキラ	**090 - 01**
ヒメモンステラ	**039 - 06**
フィカス・アルテシーマ	**028 - 01**
フィロデンドロン・グラジエラエ	**043 - 18**
フィロデンドロン・セローム	**043 - 17**
ペペロミア	**100**
ポトス 'エンジョイ'	**046 - 29**

[家族で楽しみたい]

アンスリウム・スカンデンス	**044 - 21**
エバーフレッシュ	**091 - 04**
グリーンネックレス	**103 - 07**
コーヒーノキ	**103 - 08**
シェフレラ 'ハッピーイエロー'	**053 - 08**
ジュエルオーキッド	**098 - 05**
シルクジャスミン	**095 - 17**
チランジア・ウスネオイデス	**085 - 06**
ネペンテス	**110**
バニラ	**102 - 06**
パンダガジュマル	**035 - 19**
パンノキ	**090 - 02**
ピレア・ペペロミオイデス	**101 - 03**
ベンジャミン 'バロック'	**034 - 17**
ポトス 'エンジョイ'	**046 - 29**
ミニドラゴンフルーツ	**109 - 08**

[ちょっと和な雰囲気]

アグラオモルファ・コロナンス	**070 - 07**
アンスリウム・ポリスキスツム	**044 - 23**
ウンナンシュロチク	**092 - 07**
キンモウコ	**073 - 17**
グリーンドラム	**101 - 04**
クロコダイルファーン	**070 - 10**
コルディリネ 'アイチアカ'	**059 - 11**
サンスベリア 'ゼラニカ'	**063 - 03**
ストレリチア 'バービフォリア'	**093 - 10**

INDEX

タイワンアオネカズラ	073 - 19
ダバリア・トリコマノイデス	073 - 18
ドラセナ'コンパクタ'	056 - 01
フィロデンドロン'シルバーメタル'	042 - 15
ムカデカズラ	070 - 09
ルディシア・ディスカラー	098 - 04

[ハッピーを呼ぶ？プランツ]

ガジュマル	035 - 20
キンモウコ	073 - 17
クロトン 飛び葉	111 - 03
シェフレラ・ゴールデン	052 - 05
シェフレラ'ハッピーイエロー'	053 - 08
トックリラン	057 - 06
パキラ	090 - 01
モンステラ・デリシオーサ	039 - 05

性質で探す

[寒さに強い！]

耐寒性が高め。とはいえ気温が0℃以下になる屋外には耐えられないので、とくに冬場は必ず屋内へ。

アポロゴム	030 - 08
オオバンボダイジュ	033 - 13
シェフレラ・アルボリコラ	050 - 01
シェフレラ・ゴールデン	052 - 05
シェフレラ'ハッピーイエロー'	053 - 08
ツピダンサス	053 - 10
トックリラン	057 - 06
フィロデンドロン・セローム	043 - 17
モンステラ・デリシオーサ	039 - 05

[日陰に強い！]

耐陰性が高め。ただし極端に暗い場所では不格好で貧弱な株になりがち。様子を見ながら日光が不足しているようなら明るい場所へ移動を。

アスプレニウム'ビクトリア'	068 - 03
アポロゴム	030 - 08
アマゾンオリーブ	091 - 05
コルディリネ'アイチアカ'	059 - 11
コルディリネ'紅光'	059 - 10
コルディリネ・ストリクタ	058 - 09
サンスベリア'シルバープリンセス'	064 - 05
シェフレラ・アルボリコラ	050 - 01
シェフレラ'チェンマイ'	052 - 07
ジュエルオーキッド	098 - 05
スキンダプサス	047 - 33

チャメドレア・メタリカ	094 - 13
チランジア・ファシクラータ	087 - 11
ドラセナ・アオワーネッキー	057 - 04
ドラセナ'コンパクタ'	056 - 01
ドラセナ・コンパクタ・トルネード	056 - 03
ドラセナ・ナビー	058 - 08
ドラセナ'パンクチュラータ'	057 - 05
ドラセナ'ロッチアーナ'	056 - 02
ビカクシダ・ウィリンキー	071 - 11
ビカクシダ'ネザーランド'	071 - 12
ビカクシダ・ビフルカツム	071 - 13
ヒメモンステラ	039 - 06
フィカス'ソフィア'	028 - 02
フィカス'バーガンディ'	029 - 05
モンステラ・デリシオーサ	039 - 05
ルディシア・ディスカラー	098 - 04

[乾燥に強い！]

茎や葉に水分を貯める性質があり、乾燥ぎみな環境が好き。水やりは乾燥状態とのメリハリをつけ、湿度を好む植物には葉水も欠かさずに。

ウンナンシュロチク	092 - 07
エスキナンサス'タイピング'	108
エスキナンサス'マルモラタス'	108
エスキナンサス'ラスタ'	108
キサントソーマ・リンデニー	040 - 09
クリプタンサス	081 - 15
グリーンドラム	101 - 04
グリーンネックレス	103 - 07
ケンチャヤシ	093 - 09
コルディリネ'アイチアカ'	059 - 11
コルディリネ'紅光'	059 - 10
コルディリネ・ストリクタ	058 - 09
サンスベリア・エーレンベルギー	062 - 02
サンスベリア・カナリクラタ	062 - 01
サンスベリア・キルキー・プルクラ'カッパートーン'	065 - 08
サンスベリア'スプーンリーフ'	065 - 10
サンスベリア'ゼラニカ'	063 - 03
サンスベリア・フランシシー	063 - 04
サンスベリア'ブルーキュー'	064 - 07
サンスベリア'ボンセレンシス'	064 - 06
サンスベリア・マッソニアーナ'バリエガタ'	065 - 09
シッサス・ロンビフォリア	109 - 07
ジャワゴム	032 - 11
ストレリチア・オーガスタ	092 - 06
ストレリチア'パービフォリア'	093 - 10
ストレリチア・レギネ	094 - 14
スパティフィラム	045 - 25
セフリジ	092 - 08
チャメドレア・メタリカ	094 - 13

ディスキディア・カンガルーポケット	103 - 09
ディスキディア・ヌンムラリア	107 - 03
ディッキア・デリケータ	080 - 13
ディッキア・マルニエルラポストレイ	080 - 12
テーブルヤシ	095 - 15
トックリラン	057 - 06
ドラセナ・アオワーネッキー	057 - 04
ドラセナ・コンシンネ（マルギナータ）	058 - 07
ドラセナ'コンパクタ'	056 - 01
ドラセナ・コンパクタ・トルネード	056 - 03
ドラセナ・ナビー	058 - 08
ドラセナ'ロッチアーナ'	056 - 02
ネペンテス・フーケリアナ	110
ネペンテス・レディラック	110
パキラ	090 - 01
バニラ	102 - 06
ピレア・ペペロミオイデス	101 - 03
ヒロセレウス・ウンダーツス	109 - 06
フィッシュボーンカクタス	109 - 05
ブラキキトン	095 - 16
ブラジルヒメヤシ	093 - 11
ペディランサス	110 - 02
ペペロミア・アルギレイア	100
ペペロミア・アングラータ	101
ペペロミア・オブッシフォリア	101
ペペロミア・クルシフォリア	100
ペペロミア'ジェイド'	100
ペペロミア'フォレット'	100
ペペロミア・プテオラータ	100
ペペロミア'ホープ'	100
ペペロミア・ロツンディフォーリア	100
ホヤ・アンダレンシス	104
ホヤ・オーストラリス	105
ホヤ・カルノーサ'コンパクタ'	105
ホヤ・カルノーサ'バリエガータ'	102
ホヤ・クミンギアナ	102
ホヤ'サンライズ'	104
ホヤ・デビットクミンギー	105
ホヤ・リネアリス	104
マランタ・レウコネウラ・エリスロネウラ	097
マランタ・レウコネウラ・ケルコビアナ	097
ミニドラゴンフルーツ	109 - 08
ミルクブッシュ	111 - 04
メディニラ・マグニフィカ	098 - 07
リプサリス・エワルディアナ	106
リプサリス・ケレウスクラ	106
リプサリス・ラムローサ	107

SOLSOのこと

SOLSO代表

齊藤太一

「暮らしの中で無理なく自然を楽しもう！」。これは2011年の立ち上げから、ずっと
SOLSOが発信し続けていることです。

身近な自然がどんどん失われたいまの暮らしを続けていれば、地球はいつか人が住
めない環境になってしまうかもしれない。でも、植物が人の暮らしの中に浸透して
いけば、人の心に植物への感謝や環境を思うやさしい気持ちが育まれ、きっといま
よりもっと豊かな未来を生み出せるはず。とはいえ、それを押しつけがましく言って
も伝わらない。それならまずは、暮らしの中で無理なく自然を楽しむことを提案しよ
う──そんな想いが、すべてのはじまりでした。

普通のライフスタイルに植物を取り入れてもらうには、おしゃれなほうがいい。だ
からぼくたちは単に植物を紹介するだけではなく、飾り方や周辺アイテムも含めて
いろいろなアイデアを打ち出しています。そういう活動を続ける中で、東京・自由が
丘のライフスタイルショップ内ではじめたインショップは、いつしか生産、設計・デ
ザイン、施工、レンタル、プロデュース……などとどんどん新たなフィールドへと広
がってきました。でも、根底にあるのは変わらず、緑あふれる世界を創造したいと
いう想いであり、合言葉は「KEEP GREEN」！

その中で、生産を行う農場であると同時に、訪れた方々に圧倒的な緑を感じながら
植物を選び、あるいは植物との暮らしへの夢をふくらませてもらうための場所でも
ある「SOLSO FARM」は、ぼくたちの活動のルーツともいえる場所です。その場所
から発信するぼくたちの本のテーマに「インドアグリーン」を選んだのは、暮らしに
緑を取り入れる最初の一歩にぴったりだから。

緑は自然の色であり、命の色。その緑を暮らしに取り入れることで、空間に命が吹
き込まれ、それまでよりも豊かになります。人と自然と空間がバランスよく存在する
ライフスタイルをもっと当たり前にしていくことが、ぼくたちの願い。たとえいまは
小さな鉢しか置けなくても、いつかは……と夢を持ってもらうことで、緑あふれる世
界への橋渡しをしたい。そんな想いの詰まったこの本が、たくさんの人にとって、もっ
と気軽に、友だちのように植物とつき合うきっかけになるといいなと思っています。

素敵な植物に出会えるお店

SOLSO HOME

SOLSO HOME Futako
158-0094　東京都世田谷区玉川1-14-1
二子玉川ライズS.C. テラスマーケット2F　蔦屋家電内
不定休
Tel 03-6447-9775

SOLSO HOME Nihombashi
103-6101　東京都中央区日本橋2-5-1
日本橋髙島屋S.C. 1F
不定休
Tel 03-6225-2140

solsohome.com

BIOTOP NURSERIES

BIOTOP NURSERIES Tokyo
108-0071　東京都港区白金台4-6-44 1F
不定休
Tel 03-3444-2894

BIOTOP NURSERIES Osaka
550-0015　大阪府大阪市西区南堀江1-16-1 1F
不定休
Tel 06-6531-8225

BIOTOP NURSERIES Fukuoka
810-0042　福岡県福岡市中央区赤坂2-6-30 2F
不定休
Tel 092-751-7062

www.biotop.jp

SOLSOのオンラインマーケット

solsogreenmarket.com

自然の楽しさを体感できる場所

SOLSO FARM

SOLSO FARM
216-0044　神奈川県川崎市宮前区西野川2-6
土日祝のみ営業（冬季・荒天時休業）
Tel 044-740-3770
solsofarm.com

SOLSO PARK

SOLSO PARK
107-0062　東京都港区南青山1-12-13
不定休
Tel 03-6812-9770
solsopark.com

GREEN'S FARMS

GREEN'S FARMS
650-0002　兵庫県神戸市中央区北野町1-5-4
水休
Tel 078-855-4720
greensfarms.jp

FARM STAY
── GREEN'S FARMS ──

FARM STAY
不定休
※GREEN'S FARMSが淡路島の山奥で運営する、
人と植物が共存する滞在型農園。（完全予約制）。
greensfarms.jp

アートディレクション：後藤麻衣（BOOTLEG）
デザイン：後藤麻衣、鎌田紗栄（BOOTLEG）
撮影：永禮 賢［P.15-17, P.144, P.150, P.153をのぞく］
イラスト：大川久志［カバー，P.10-11, P.14, P.20-21, P.24］
　　　　　小池ふみ［P.18-19, P.131, P.139-142］
　　　　　やまねりょうこ（ゆかい）［P.148-153］
　　　　　関川洋平（SOLSO FARM）［P.22］
編集：長尾真理子（SOLSO FARM）、小学館CODEX

制作協力：株式会社ヤマテー　www.yamatei.biz

SOLSO FARM BOOK
インドアグリーン

2019年6月2日　初版第1刷発行
2023年5月15日　　　第5刷発行

著者　SOLSO FARM

発行人　川島雅史
発行所　株式会社　小学館
　　　　〒101-8001　東京都千代田区一ツ橋2-3-1
　　　　電話：編集 03-3230-5585　　販売 03-5281-3555
印刷　　図書印刷株式会社
製本　　株式会社 若林製本工場
編集　　堀米紫
販売　　中山智子
宣伝　　内山雄太
制作　　尾崎弘樹

©2019 SOLSO FARM
Printed in Japan　ISBN 978-4-09-310890-4

○ 造本には十分注意をしておりますが、印刷、製本など、製造上の不備が
ございましたら「制作局コールセンター」（フリーダイヤル0120-336-340）
にご連絡ください。（電話受付は、土・日・祝休日を除く9：30~17：30）
○ 本書の無断での複写（コピー）、上演、放送等の二次利用、翻案等は、著
作権法上の例外を除き禁じられています。本書の電子データ化などの無断
複製は著作権法上の例外を除き禁じられています。代行業者等の第三者
による本書の電子的複製も認められておりません。

○本書の内容に関するお問い合わせは小学館CODEX（info@shogakukan-codex.co.jp）へご連絡ください。